# जेम्स बॉन्ड को प्यार करने वाली लड़कियां: दुनिया के सबसे खतरनाक जासूस की एक रोमांचक प्रेम कहानी

डॉ. रामचंद्र नाथ शर्मा

मेरे सभी पाठकों और फिल्म प्रेमियों को

# क्रम-सूची

# प्रस्तावना

जेम्स बॉन्ड को कौन नहीं जानता। बॉन्ड... जेम्स बॉन्ड - कुख्यात Mi6 एजेंट जिसे 007 के नाम से जाना जाता है और यकीनन सिनेमा के इतिहास में सबसे प्रसिद्ध और प्रभावशाली फिल्म पात्रों में से एक है! मैं किसी ऐसे व्यक्ति को पाकर चौंक जाऊंगा जिसने 007 फिल्मों में से कम से कम एक भी नहीं देखी है! आखिरकार यह फ्रैंचाइज़ी इतिहास में छठी सबसे ज्यादा कमाई करने वाली फिल्म फ्रैंचाइज़ी है! जेम्स बॉन्ड का एक लंबा और पुराना इतिहास है और नो टाइम टू डाई के साथ मैं इस चरित्र के इतिहास और विकास को तोड़ने के लिए अभी से बेहतर समय के बारे में नहीं सोच सकता! जेम्स बॉन्ड 24 कैनन फिल्मों में दिखाई दिया है जिसमें 25वीं नो टाइम टू डाई है, और 2 अतिरिक्त फिल्मों में जिन्हें फिल्मों की मुख्य श्रृंखला के साथ कैनन नहीं माना जाता है। तो आइए जेम्स बॉण्ड के इतिहास और विकास और उसके सभी सिनेमाई प्रदर्शनों को तोड़ते हैं - उसकी स्थापना के साथ शुरू। जबकि पहली 007 फिल्म डॉक्टर नंबर 1962 में रिलीज़ हुई थी, यह आम जनता के लिए उनकी पहली फिल्म नहीं थी। जेम्स बॉन्ड पहली बार 1953 के उपन्यास इयान फ्लेमिंग में कैसीनो रोयाल शीर्षक से दिखाई दिया। जेम्स बॉन्ड 14 पूर्ण-लंबाई वाले उपन्यासों और 9 लघु कथाओं में दिखाई देंगे। इयान फ्लेमिंग की मृत्यु के बाद कई अन्य लेखकों ने चरित्र के लिए कहानियां लिखना शुरू किया और आज भी नए उपन्यास लिखे जा रहे हैं और जारी किए जा रहे हैं!

यह पुस्तक इस प्रसिद्ध जासूस की प्रेम कहानियों और दुनिया की सर्वश्रेष्ठ सुंदरियों के साथ उनके प्रेम को प्रस्तुत करती है।

# भूमिका

फिल्म इतिहास में सबसे प्रतिष्ठित एक्शन हीरो कौन है? बॉन्ड जेम्स बॉन्ड। जैसा कि जेम्स बॉन्ड का इतिहास 2020 के "नो टाइम टू डाई" के साथ एक नए दशक में फैला है,

फिल्म इतिहास में सबसे प्रतिष्ठित एक्शन हीरो कौन है? बॉन्ड जेम्स बॉन्ड। जैसा कि जेम्स बॉन्ड का इतिहास 2020 के "नो टाइम टू डाई" के साथ एक नए दशक में फैला है, जब 1962 में पहली जेम्स बॉन्ड फिल्म, डॉ. नो रिलीज़ हुई, तो वेटिकन ने इसे "हिंसा, अश्लीलता, परपीड़न और सेक्स का एक खतरनाक मिश्रण" कहकर इसकी निंदा की। सीन कॉनरी का बॉन्ड, उसकी हत्या, जुआ, और बालों वाली, बालों वाली कामुकता के साथ, सर्वश्रेष्ठ अभिनेता के लिए उस वर्ष के ऑस्कर विजेता ग्रेगरी पेक से बहुत अलग है, जो टू किल ए मॉकिंगबर्ड में एटिकस फिंच के रूप में है। "स्पाई मूवी" एक स्थापित शैली होने से पहले बनाई गई थी, यह फिल्म असामान्य रूप से इयान फ्लेमिंग के उपन्यास से चिपकी हुई है, जिसे वह अपनाती है। बॉन्ड का इसका संस्करण एक पारंपरिक मूवी-लीड टफ मैन है, जो 1962 के बड़े बॉक्स-ऑफिस हिट्स के सबसे बड़े स्ट्राइडर्स की तरह एक सिनेमैटिक गैंगस्टर की तरह है, लॉरेंस ऑफ अरेबिया से लेकर मॉकिंगबर्ड से लेकर द म्यूजिक मैन तक। लेकिन 1965 के थंडरबॉल के समय तक, बॉन्ड की काउंटरकल्चरल स्थिति पूरी तरह से मुख्यधारा की बॉक्स-ऑफिस सफलता में बदल गई थी। 1967 की यू ओनली लिव ट्वाइस, बॉनी एंड क्लाइड, द ग्रेजुएट, कूल हैंड ल्यूक और इन कोल्ड ब्लड की डेविड-एस्क न्यू हॉलीवुड लहर के लिए पुराने, क्रस्टी गोलियथ की तरह लग रही होगी। तो यह कोई छोटा आश्चर्य नहीं है कि श्रृंखला में अगली किस्त, 1969 की ऑन हर मेजेस्टीज़ सीक्रेट सर्विस, अपने तत्काल पूर्ववर्ती से चौंकाने वाली अलग महसूस हुई। आज जेम्स बॉन्ड एक कल्ट नाम बन गया है, यह किताब जेम्स बॉन्ड और उसके खूबसूरत प्रेमियों की समीक्षा करती है।

# पावती (स्वीकृति)

मेरा परिवार

# आमुख

जेम्स बॉन्ड श्रृंखला लेखक इयान फ्लेमिंग द्वारा 1953 में बनाए गए एक काल्पनिक ब्रिटिश सीक्रेट सर्विस एजेंट पर केंद्रित है, जिसने उन्हें बारह उपन्यासों और दो लघु-कहानी संग्रहों में चित्रित किया। 1964 में फ्लेमिंग की मृत्यु के बाद से, आठ अन्य लेखकों ने अधिकृत बॉन्ड उपन्यास या उपन्यास लिखे हैं: किंग्सले एमिस, क्रिस्टोफर वुड, जॉन गार्डनर, रेमंड बेन्सन, सेबेस्टियन फॉल्क्स, जेफरी डेवर, विलियम बॉयड और एंथनी होरोविट्ज़। मई 2022 में प्रकाशित एंथोनी होरोविट्ज़ का नवीनतम उपन्यास विथ ए माइंड टू किल है। इसके अतिरिक्त चार्ली हिग्सन ने एक युवा जेम्स बॉन्ड पर एक श्रृंखला लिखी, और केट वेस्टब्रुक ने एक आवर्ती श्रृंखला चरित्र, मनीपेनी की डायरियों पर आधारित तीन उपन्यास लिखे। चरित्र - जिसे कोड संख्या 007 (उच्चारण "डबल-ओह-सेवन") द्वारा भी जाना जाता है - को टेलीविजन, रेडियो, कॉमिक स्ट्रिप, वीडियो गेम और फिल्म के लिए भी अनुकूलित किया गया है। फिल्में सबसे लंबे समय तक लगातार चलने वाली फिल्म श्रृंखलाओं में से एक हैं और इसने कुल मिलाकर 7.04 बिलियन अमेरिकी डॉलर से अधिक की कमाई की है, जो अब तक की पांचवीं सबसे ज्यादा कमाई करने वाली फिल्म श्रृंखला है, जो 1962 में डॉ. नो के साथ शुरू हुई, जिसमें सीन कॉनरी ने बॉन्ड की भूमिका निभाई थी। 2021 तक, इयॉन प्रोडक्शंस श्रृंखला में पच्चीस फिल्में बन चुकी हैं। सबसे हालिया बॉन्ड फिल्म, नो टाइम टू डाई (2021), बॉन्ड के अपने पांचवें चित्रण में डैनियल क्रेग हैं; वह इयॉन सीरीज़ में बॉन्ड की भूमिका निभाने वाले छठे अभिनेता हैं।

बॉन्ड फिल्मों के दो स्वतंत्र निर्माण भी हुए हैं: कैसीनो रोयाले (डेविड निवेन अभिनीत 1967 का स्पूफ) और नेवर से नेवर अगेन (1983 में पूर्व ईऑन-निर्मित फिल्म का रीमेक, 1965 की थंडरबॉल, दोनों में कॉनरी अभिनीत)। 2015 में, श्रृंखला का अनुमान $ 19.9 बिलियन था, जिससे जेम्स बॉन्ड अब तक की सबसे अधिक कमाई करने वाली मीडिया फ्रेंचाइजी में से एक बन गई। बॉन्ड फिल्में कई विशेषताओं के लिए प्रसिद्ध हैं, जिनमें संगीत संगत शामिल है, थीम गीतों के साथ कई अवसरों पर अकादमी पुरस्कार नामांकन प्राप्त हुए हैं, और तीन जीतें हैं। अधिकांश फिल्मों के माध्यम से चलने वाले अन्य महत्वपूर्ण तत्वों में बॉन्ड की कारें, उनकी बंदूकें और वे गैजेट शामिल हैं जिनकी क्यू शाखा द्वारा आपूर्ति की जाती है। फिल्मों को बॉन्ड के विभिन्न महिलाओं के साथ संबंधों के लिए भी जाना जाता है, जिन्हें लोकप्रिय रूप से "बॉन्ड गर्ल्स" कहा जाता है।

# 1

# जेम्स बॉन्ड: साहित्य से फिल्म तक, एक अनोखा सफर

फिल्म इतिहास में सबसे प्रतिष्ठित एक्शन हीरो कौन है? बॉन्ड जेम्स बॉन्ड। जैसा कि जेम्स बॉन्ड का इतिहास 2020 के "नो टाइम टू डाई" के साथ एक नए दशक में फैला है, जब 1962 में पहली जेम्स बॉन्ड फिल्म, डॉ. नो रिलीज़ हुई, तो वेटिकन ने इसे "हिंसा, अश्लीलता, परपीड़न और सेक्स का एक खतरनाक मिश्रण" कहकर इसकी निंदा की। सीन कॉनरी का बॉन्ड, उसकी हत्या, जुआ, और बालों वाली, बालों वाली कामुकता के साथ, सर्वश्रेष्ठ अभिनेता के लिए उस वर्ष के ऑस्कर विजेता ग्रेगरी पेक से बहुत अलग है, जो टू किल ए मॉकिंगबर्ड में एटिकस फिंच के रूप में है। "स्पाई मूवी" एक स्थापित शैली होने से पहले बनाई गई थी, यह फिल्म असामान्य रूप से इयान फ्लेमिंग के उपन्यास से चिपकी हुई है, जिसे वह अपनाती है। बॉन्ड का इसका संस्करण एक पारंपरिक मूवी-लीड टफ मैन है, जो 1962 के बड़े बॉक्स-ऑफिस हिट्स के सबसे बड़े स्ट्राइडर्स की तरह एक सिनेमैटिक गैंगस्टर की तरह है, लॉरेंस ऑफ अरेबिया से लेकर मॉकिंगबर्ड से लेकर द म्यूज़िक मैन तक। लेकिन 1965 के थंडरबॉल के समय तक, बॉन्ड की काउंटरकल्चरल स्थिति पूरी तरह से मुख्यधारा की बॉक्स-ऑफिस सफलता में बदल गई थी। 1967 की यू ओनली लिव ट्वाइस, बॉनी एंड क्लाइड, द ग्रेजुएट, कूल हैंड ल्यूक और इन कोल्ड ब्लड की डेविड-एस्क न्यू हॉलीवुड लहर के लिए पुराने, क्रस्टी गोलियथ की तरह लग रही होगी। तो यह कोई छोटा आश्चर्य नहीं है कि श्रृंखला में अगली किस्त, 1969 की ऑन हर मेजेस्टीज़ सीक्रेट सर्विस, अपने तत्काल पूर्ववर्ती से चौंकाने वाली अलग महसूस हुई। आज जेम्स बॉन्ड एक कल्ट नाम बन गया है, यह किताब जेम्स बॉन्ड और उसके खूबसूरत प्रेमियों की समीक्षा करती है।

जेम्स बॉन्ड श्रृंखला लेखक इयान फ्लेमिंग द्वारा 1953 में बनाए गए एक काल्पनिक ब्रिटिश सीक्रेट सर्विस एजेंट पर केंद्रित है, जिसने उन्हें बारह उपन्यासों और दो लघु-कहानी संग्रहों में चित्रित किया। 1964 में फ्लेमिंग की मृत्यु के बाद से, आठ अन्य लेखकों ने अधिकृत बॉन्ड उपन्यास या उपन्यास लिखे हैं: किंग्सले एमिस, क्रिस्टोफर वुड, जॉन गार्डनर, रेमंड बेन्सन, सेबेस्टियन फॉल्क्स, जेफरी डेवर, विलियम बॉयड और एंथनी होरोविट्ज़। मई 2022 में प्रकाशित एंथोनी होरोविट्ज़ का नवीनतम उपन्यास विथ ए माइंड टू किल है। इसके अतिरिक्त चार्ली हिग्सन ने एक युवा जेम्स बॉन्ड पर एक श्रृंखला लिखी, और केट वेस्टब्रुक ने एक आवर्ती श्रृंखला चरित्र, मनीपेनी की डायरियों पर आधारित तीन उपन्यास लिखे। चरित्र - जिसे कोड संख्या 007 (उच्चारण "डबल-ओह-सेवन") द्वारा भी जाना जाता है - को टेलीविजन, रेडियो, कॉमिक स्ट्रिप, वीडियो गेम और फिल्म के लिए भी अनुकूलित किया गया है। फिल्में सबसे लंबे समय तक लगातार चलने वाली फिल्म श्रृंखलाओं में से एक हैं और इसने कुल मिलाकर 7.04 बिलियन अमेरिकी डॉलर से अधिक की कमाई की है, जो अब तक की पांचवीं सबसे ज्यादा कमाई करने वाली फिल्म श्रृंखला है, जो 1962 में डॉ. नो के साथ शुरू हुई, जिसमें सीन कॉनरी ने बॉन्ड की भूमिका निभाई थी।

2021 तक, इयॉन प्रोडक्शंस श्रृंखला में पच्चीस फिल्में बन चुकी हैं। सबसे हालिया बॉन्ड फिल्म, नो टाइम टू डाई (2021), बॉन्ड के अपने पांचवें चित्रण में डैनियल क्रेग हैं; वह इयॉन सीरीज़ में बॉन्ड की भूमिका निभाने वाले छठे अभिनेता हैं। बॉन्ड फिल्मों के दो स्वतंत्र निर्माण भी हुए हैं: कैसीनो रोयाले (डेविड निवेन अभिनीत 1967 का स्पूफ) और नेवर से नेवर अगेन (1983 में पूर्व ईऑन-निर्मित फिल्म का रीमेक, 1965 की थंडरबॉल, दोनों में कॉनरी अभिनीत)। 2015 में, श्रृंखला का अनुमान $ 19.9 बिलियन था, जिससे जेम्स बॉन्ड अब तक की सबसे अधिक कमाई करने वाली मीडिया फ्रेंचाइजी में से एक बन गई। बॉन्ड फिल्में कई विशेषताओं के लिए प्रसिद्ध हैं, जिनमें संगीत संगत शामिल है, थीम गीतों के साथ कई अवसरों पर अकादमी पुरस्कार नामांकन प्राप्त हुए हैं, और तीन जीतें हैं। अधिकांश फिल्मों के माध्यम से चलने वाले अन्य महत्वपूर्ण तत्वों में बॉन्ड की कारें, उनकी बंदूकें और वे गैजेट शामिल हैं जिनकी क्यू शाखा द्वारा आपूर्ति की जाती है। फिल्मों को बॉन्ड के विभिन्न महिलाओं के साथ संबंधों के लिए भी जाना जाता है, जिन्हें लोकप्रिय रूप से "बॉन्ड गर्ल्स" कहा जाता है।

# 2

## सभी जेम्स बॉन्ड फिल्मों की सूची

सभी जेम्स बॉन्ड फिल्मों की सूची EON प्रोडक्शंस द्वारा बनाई गई आधिकारिक जेम्स बॉन्ड फिल्मों की पूरी सूची। सीन कॉनरी के साथ शुरुआत, और जॉर्ज लेज़ेनबी, रोजर मूर, टिमोथी डाल्टन, पियर्स ब्रॉसनन और डैनियल क्रेग के माध्यम से जाना।

1. डॉ. नहीं, Dr. No, 1962 डॉ. कोई इतालवी पोस्टर नहीं जेम्स बॉन्ड: सीन कॉनरी बॉन्ड गर्ल: हनी राइडर निर्देशक: टेरेंस यंग चलने का समय: 110 मिनट सारांश: डॉ. नो ईओएन प्रोडक्शंस द्वारा निर्मित पहली 007 फिल्म थी। बॉन्ड को MI6 एजेंट जॉन स्ट्रेंजवेज की मौत की जांच के लिए जमैका भेजा जाता है। वह क्रैब की द्वीप के लिए अपना रास्ता ढूंढता है, जहां रहस्यमय डॉ. नो इंतजार कर रहे हैं।

2. फ्रॉम रशिया विद लव, 1963 जेम्स बॉन्ड: सीन कॉनरी बॉन्ड गर्ल: तातियाना रोमानोवा निर्देशक: टेरेंस यंग चलने का समय: 115 मिनट सारांश: जब MI6 को लेक्टर डिकोडर पर अपना हाथ रखने का मौका मिलता है, तो बॉन्ड को सुंदर तातियाना को आकर्षित करने और मशीन को वापस लाने के लिए तुर्की भेजा जाता है। केरीम बे की मदद से, बॉन्ड ओरिएंट एक्सप्रेस पर भाग जाता है, लेकिन जीवित नहीं बच पाता।

3. गोल्डफिंगर, 1964 जेम्स बॉन्ड: सीन कॉनरी बॉन्ड गर्ल: पुसी गेलोर निर्देशक: गाय हैमिल्टन चलने का समय: 110 मिनट सारांश: बैंक ऑफ इंग्लैंड ने देश से सोने के अनधिकृत रिसाव का पता लगाया है, और बॉन्ड को जांच के लिए भेजा गया है। संदिग्ध ऑरिक गोल्डफिंगर है, जो देश का सबसे धनी व्यक्ति है। बॉन्ड गोल्डफिंगर को ताश के पत्तों में धोखा देते हुए पकड़ लेता है, जिल मास्टर्सन की सहायता से, जिसे मार दिया जाता है और बदला लेने के लिए उस पर सोना रंग दिया जाता है। घातक कोरियाई, ओडजॉब से बचते हुए बॉन्ड को अपनी साजिशों को विफल करना होगा।

4. थंडरबॉल, 1965 जेम्स बॉन्ड: सीन कॉनरी बॉन्ड गर्ल: डोमिनोज़ डेरवल निर्देशक: टेरेंस यंग चलने का समय: 130 मिनट सारांश: SPECTRE में नंबर 2 एमिलियो लार्गो ने दो परमाणु हथियार चुराए हैं। वह संयुक्त राज्य अमेरिका और इंग्लैंड में एक शहर को नष्ट

करने की धमकी देता है जब तक कि बड़ी फिरौती का भुगतान नहीं किया जाता। बॉन्ड को जांच के लिए बहामास भेजा जाता है।

5. आप केवल दो बार जीते हैं (you only live twice), 1967 जेम्स बॉन्ड: सीन कॉनरी बॉन्ड गर्ल: अकी निर्देशक: लुईस गिल्बर्ट चलने का समय: 117 मिनट सारांश: अर्नस्ट स्टावरो ब्लोफेल्ड दो राष्ट्रों के बीच युद्ध शुरू करने के प्रयास में अमेरिकी और रूसी अंतरिक्ष कैप्सूल का अपहरण कर रहा है। टोक्यो में स्टेशन के प्रमुख टाइगर तनाका की मदद से बॉन्ड को जांच के लिए जापान भेजा जाता है। 100 से अधिक प्रशिक्षित निन्जाओं के साथ, बॉन्ड ब्लोफेल्ड के ज्वालामुखी मांद में घुसपैठ करता है।

6. महारानी की गुप्त सेवा, (on her majesty secret service)1969 पर जेम्स बॉन्ड: जॉर्ज लेज़ेनबाई बॉन्ड गर्ल: ट्रेसी डि विसेन्जो निर्देशक: पीटर हंट चलने का समय: 140 मिनट सारांश: बॉन्ड आत्मघाती ट्रेसी डी विसेंज़ो को बचाता है, और उसे बंदूक की नोक पर उसके पिता, मार्क-एंज ड्रेको, यूरोप के सबसे बड़े आपराधिक संगठन में से एक के प्रमुख से मिलने के लिए लाया जाता है। ड्रेको बॉन्ड के साथ एक सौदा करता है, ब्लोफेल्ड के स्थान को प्रकट करने के लिए सहमत होता है, अगर बॉन्ड अपनी बेटी की देखभाल करेगा।

7. डायमंड्स आर फॉरएवर, 1971 जेम्स बॉन्ड: सीन कॉनरी बॉन्ड गर्ल: टिफ़नी केस निर्देशक: गाय हैमिल्टन चलने का समय: 120 मिनट सारांश: शॉन कॉनरी हीरे की तस्करी की पाइपलाइन के माध्यम से एक तेज़ गति वाले शिकार के लिए वापस आ गया है। MI6 छोटे समय के तस्कर पीटर फ्रैंक्स को गिरफ्तार करता है, और बॉन्ड उसकी जगह लेता है, कूरियर टिफ़नी केस से मिलता है। वह हीरों के निशान का अनुसरण करता है, क्योंकि जो कोई भी उन्हें छूता है वह मारा जाता है। विश्व प्रभुत्व के लिए एक और योजना के साथ पाइपलाइन का अंत ब्लोफेल्ड है।

8. लिव एंड लेट डाई, 1973 जेम्स बॉन्ड: रोजर मूर बॉन्ड गर्ल: सॉलिटेयर निर्देशक: गाय हैमिल्टन चलने का समय: 121 मिनट सारांश: तानाशाह डॉ. कनंगा की नियमित निगरानी के दौरान बहुत कम समय में कई ब्रिटिश एजेंट मारे जाते हैं। बॉन्ड को जांच के लिए न्यूयॉर्क भेजा जाता है, और गैंगस्टर मिस्टर बिग के जाल में फंस जाता है, उसके मानसिक टैरो कार्ड रीडर, सॉलिटेयर के लिए धन्यवाद।

9. द मैन विद द गोल्डन गन, 1974 जेम्स बॉन्ड: रोजर मूर बॉन्ड गर्ल: एंड्रिया एंडर्स निर्देशक: गाय हैमिल्टन चलने का समय: 125 मिनट सारांश: MI6 को एक सुनहरी गोली भेजी जाती है जिस पर 007 खुदा होता है। एम को डर है कि बॉन्ड की हत्या फ्रांसेस्को स्कारामंगा द्वारा की जाएगी, $ 1 मिलियन का शॉट हिटमैन, जो अपनी सुनहरी बंदूक के लिए जाना जाता है, और बॉन्ड को पहले उसे खोजने के लिए भेजता है।

10. द स्पाई हू लव्ड मी, 1977 जेम्स बॉन्ड: रोजर मूर बॉन्ड गर्ल: आन्या अमासोवा निर्देशक: लुईस गिल्बर्ट चलने का समय: 125 मिनट सारांश: ब्रिटिश और रूसी पनडुब्बियों का अपहरण कर लिया गया है, और दोनों देश एक साथ आते हैं, 007 और रूसी एजेंट आन्या

अमासोवा को चोरी की गई माइक्रोफिल्म को ट्रैक करने और जांच करने के लिए भेजते हैं। तनाव बढ़ जाता है क्योंकि अमासोवा को पता चलता है कि बॉन्ड ने ड्यूटी के दौरान उसके प्रेमी को मार डाला था। बॉन्ड को अपने मिशन के खत्म होने पर उसे मारने की धमकी के खिलाफ जीवन बीमा पॉलिसी के रूप में अमासोवा को अपने पक्ष में लेने की जरूरत है।

11. मूनरेकर, 1979 जेम्स बॉन्ड: रोजर मूर बॉन्ड गर्ल: होली गुडहेड निदेशक: एल ईविस गिल्बर्ट चलने का समय: 126 मिनट सार: ह्यूगो ड्रेक्स द्वारा एमआई 6 के लिए ऋण पर एक अंतरिक्ष शटल, मध्य हवा में अपहरण कर लिया गया है। आधिकारिक माफी के बहाने बॉन्ड को ड्रेक्स की जांच के लिए भेजा जाता है। बॉन्ड को पता चलता है कि ड्रेक्स ने खुद ही शटल को हाईजैक कर लिया था, और घातक जहर के साथ एक गुप्त लैब पर ठोकर खाता है। ड्रेक्स एक आदर्श प्रजाति को पुनर्जीवित करने के लिए एक अंतरिक्ष कॉलोनी बनाने और एक वैश्विक नरसंहार करने की योजना बना रहा है।

12. केवल तुम्हारी आंखों के लिए, (for your eyes only ) 1981 जेम्स बॉन्ड: रोजर मूर बॉन्ड गर्ल: मेलिना हैवलॉक निदेशक: जॉन ग्लेन चलने का समय: 127 मिनट सार: ऑटोमेटिक टारगेटिंग अटैक कम्युनिकेटर (एटीएसी) वाला एक जहाज डूब गया है, जो बैलिस्टिक मिसाइल हमलों को नियंत्रित कर सकता है। बांड रूसियों से पहले एटीएसी को पुनः प्राप्त करने के लिए भेजा जाता है। MI6 ने पुरातत्वविद् टिमोथी हैवलॉक को जहाज का पता लगाने के लिए भेजा था, लेकिन उनकी और उनकी पत्नी की उनकी बेटी मेलिना के सामने हत्या कर दी गई थी। बॉन्ड उनके हत्यारे, हेक्टर गोंजालेस को ट्रैक करता है, और मेलिना से बदला लेने से पहले उसे अपना काम पूरा करना होगा।

13. ऑक्टोपसी, 1983 जेम्स बॉन्ड: रोजर मूर बॉन्ड गर्ल: ऑक्टोपसी निदेशक: जॉन ग्लेन चलने का समय: 131 मिनट सारांश: एजेंट 009 को छुरा घोंपा गया और बर्लिन में ब्रिटिश दूतावास की एक खिड़की के माध्यम से दुर्घटनाग्रस्त हो गया, जिसमें एक जाली फैबरेग अंडा था। बॉन्ड को जांच के लिए भेजा जाता है, और असली फैबरेग समकक्ष के लिए साउथरबी की नीलामी शुरू होती है। 007 भ्रष्ट राजकुमार कमल खान और उनके खूबसूरत सहयोगी ऑक्टोपसी को ढूंढते हुए भारत की ओर जाता है।

14. ए व्यू टू ए किल, 1985 जेम्स बॉन्ड: रोजर मूर बॉन्ड गर्ल: स्टेसी सटन निदेशक: जॉन ग्लेन चलने का समय: 131 मिनट सारांश: बॉन्ड एक मादक घुड़दौड़ घोटाले की जांच करता है, और एक सनकी उद्योगपति मैक्स ज़ोरिन के पास जाता है, जो सिलिकॉन वैली को नष्ट करने की योजना बना रहा है, ताकि वह माइक्रोचिप प्रौद्योगिकियों पर एकाधिकार बना सके। पीछा बॉन्ड को एफिल टॉवर तक ले जाता है, और एक ब्लिंप सवारी जो गोल्डन गेट ब्रिज के ऊपर एक तनावपूर्ण चरमोत्कर्ष में ग्रहण करती है।

15. द लिविंग डेलाइट्स, 1987 जेम्स बॉन्ड: टिमोथी डाल्टन बॉन्ड गर्ल: कारा मिलोवी निदेशक: जॉन ग्लेन चलने का समय: 130 मिनट सारांश: बॉन्ड को एक पूर्व-केजीबी अधिकारी जॉर्जी कोस्कोव की रक्षा करने का काम सौंपा गया है, जो अंग्रेजों के साथ जा रहा

है। कोस्कोव को ब्रातिस्लावा कॉन्सर्ट हॉल में मध्यांतर के दौरान भागना है, और एक केजीबी स्निपर से संरक्षित किया जाना चाहिए। बॉन्ड सड़क के उस पार खड़ा हो जाता है, लेकिन जब उसे पता चलता है कि वह एक शौकिया महिला है, तो वह स्नाइपर की हत्या के खिलाफ फैसला करता है।

16. लाइसेंस टू किल, 1989 जेम्स बॉन्ड: टिमोथी डाल्टन बॉन्ड गर्ल: पाम बाउविएर निदेशक: जॉन ग्लेन चलने का समय: 133 मिनट सारांश: बॉन्ड और फेलिक्स लीटर ने मियामी में एक छापे के दौरान ड्रग लॉर्ड फ्रांज़ सांचेज़ को पकड़ा, लेकिन डीईए एजेंट एड किलिफर को रिश्वत देने के बाद सांचेज़ भाग निकला। सांचेज़ लीटर की पत्नी को मारता है और उसका बलात्कार करता है, और लीटर एक शार्क को खिलाया जाता है, एक पैर खो देता है। बॉन्ड को सांचेज़ के ऑपरेशन में घुसपैठ और नष्ट करना चाहिए, और लीटर की पत्नी की मौत का बदला लेना चाहिए।

17. गोल्डनआई, 1995 जेम्स बॉन्ड: पियर्स ब्रॉसनन बॉन्ड गर्ल: नताल्या सिमोनोवा निर्देशक: मार्टिन कैंपबेल चलने का समय: 130 मिनट सारांश: ज़ेनिया ओनाटोप और कर्नल आउरुमोव ने एक विशेष हेलीकॉप्टर का अपहरण कर लिया जो विद्युत चुम्बकीय नाड़ी के प्रति प्रतिरक्षित है। इसके बाद यह जोड़ी एक सोवियत बंकर में जाती है जो गोल्डनआई उपग्रह हथियारों का नियंत्रण आधार है। वे कर्मचारियों को मारते हैं और एक उपग्रह से विद्युत चुम्बकीय नाड़ी के साथ आधार को नष्ट कर देते हैं, खुद हेलीकाप्टर द्वारा संरक्षित। बॉन्ड को हमले की जांच करनी चाहिए।

18. कल कभी नहीं मरता, (tomorrow never dies) 1997 जेम्स बॉन्ड: पियर्स ब्रॉसनन बॉन्ड गर्ल: पेरिस कार्वर निर्देशक: रोजर स्पोटिसवोडे चलने का समय: 119 मिनट सारांश: मीडिया मुगल इलियट कार्वर ने चीन और यूनाइटेड किंगडम के बीच युद्ध शुरू करने और अपने केबल नेटवर्क के लिए रेटिंग बढ़ाने के लिए चोरी किए गए एन्कोडर का उपयोग करने की योजना बनाई है। कार्वर की पत्नी पेरिस बॉन्ड की पूर्व प्रेमिका है, और उसकी सहायता के लिए उसे अपना जीवन खर्च करना पड़ता है। चीनी जासूस वाई लिन की मदद से बॉन्ड को कार्वर से लड़ना होगा।

19. द वर्ल्ड इज नॉट इनफ, 1999 जेम्स बॉन्ड: पियर्स ब्रॉसनन बॉन्ड गर्ल: क्रिसमस जोन्स निर्देशक: माइकल एप्टेड चलने का समय: 128 मिनट सारांश: रेनार्ड, एक आतंकवादी जिसे कोई दर्द महसूस नहीं होता है, और धीरे-धीरे उसके मस्तिष्क में फंसी गोली के कारण मर रहा है, अरबपति रॉबर्ट किंग की हत्या करता है। बॉन्ड को अपनी बेटी, इलेक्ट्रा किंग की रक्षा करने का काम सौंपा गया है, और वैलेन्टिन जुकोवस्की और क्रिसमस जोन्स की मदद से रेनार्ड से लड़ना चाहिए।

20. डाई अनदर डे, 2002 जेम्स बॉन्ड: पियर्स ब्रॉसनन बॉन्ड गर्ल: जिंक्स निर्देशक: ली तमाहोरी चलने का समय: 133 मिनट सारांश: बॉन्ड को उत्तर कोरिया में एक मिशन के दौरान धोखा दिया जाता है, और 14 महीनों के लिए उसे पकड़ लिया जाता है और प्रताड़ित

किया जाता है। कुछ भी नहीं बताने के बाद, एमआई 6 के साथ एक सौदे में बॉन्ड को रिहा कर दिया जाता है, जो बदले में एक आतंकवादी को रिहा कर देता है। गद्दार को खोजने के लिए बॉन्ड एमआई 6 से भाग जाता है, और उस आतंकवादी को मार देता है जिसके लिए उसे व्यापार किया गया था।

21. कैसीनो रोयाले, 2006 जेम्स बॉन्ड: डेनियल क्रेग बॉन्ड गर्ल: वेस्पर लिंड निर्देशक: मार्टिन कैंपबेल चलने का समय: 144 मिनट सारांश: श्रृंखला के रीबूट में, कैसीनो रोयाले बॉन्ड के साथ शुरू होता है, दो दुश्मन एजेंटों को मारकर, और मारने के लिए अपना लाइसेंस अर्जित करके, अपनी 00 स्थिति प्राप्त करता है। बॉन्ड को दिवालिया करने के लिए आतंकवादी वित्तपोषक ले चीफ्रे के खिलाफ एक उच्च दांव पोकर गेम जीतना होगा ताकि उसके बैंकरों द्वारा उसकी हत्या कर दी जाए।

22. क्वांटम ऑफ सोलेस, 2008 जेम्स बॉन्ड: डेनियल क्रेग बॉन्ड गर्ल: केमिली मॉंटेस निर्देशक: मार्क फोस्टर चलने का समय: 106 मिनट सारांश: कैसीनो रोयाले की निरंतरता में, बॉन्ड डोमिनिक ग्रीन को खत्म करने के लिए तैयार है, जो एक धनी व्यवसायी है, जो बोलिविया की पानी की आपूर्ति को नियंत्रित करने की कोशिश कर रहा है ताकि उसकी सरकार से वसूली की जा सके। वह वेस्पर लिंड की मौत का बदला भी लेना चाहता है।

23. स्काईफॉल, 2012 जेम्स बॉन्ड: डेनियल क्रेग बॉन्ड गर्ल: सेवेरिन निर्देशक: सैम मेंड चलने का समय: 143 मिनट सार: बॉन्ड 23, स्काईफॉल, 26 अक्टूबर 2012 को रिलीज़ हुई थी, जिसका प्रीमियर 23 अक्टूबर को लंदन में हुआ था। जेम्स बॉन्ड की एम के प्रति वफादारी की परीक्षा होती है क्योंकि उसका अतीत उसे परेशान करने के लिए वापस आता है। जैसा कि एमआई 6 खुद पर हमला करता है, बॉन्ड को खतरे को ट्रैक करना और नष्ट करना चाहिए, चाहे कितना व्यक्तिगत लागत हो।

24. स्पेक्टर, 2015 जेम्स बॉन्ड: डेनियल क्रेग बॉन्ड गर्ल: मेडेलीन स्वान निर्देशक: सैम मेंडेस चलने का समय: 148 मिनट सार: स्पेक्टर जेम्स बॉन्ड सीरीज की सबसे हालिया फिल्म है। 40 साल से अधिक समय तक अनुपस्थित रहने के बाद इसने अर्नस्ट स्टावरो ब्लोफेल्ड और उनके भयावह संगठन SPECTRE को फिर से प्रस्तुत किया। स्पेक्टर का विश्व प्रीमियर 26 अक्टूबर, 2015 को लंदन में आयोजित किया गया था, जिसे 6 नवंबर, 2015 को दुनिया भर में आम तौर पर रिलीज़ किया गया था।

# 3

# डॉ. नहीं, (Dr. No) कहानी और विवरण, एकमात्र अमर जासूस

जब जमैका के स्टेशन प्रमुख जॉन स्ट्रांगवेज लंदन मुख्यालय को दैनिक रिपोर्ट देने से चूक जाते हैं, और उनके सचिव के साथ लापता होने की सूचना दी जाती है, तो जेम्स बॉन्ड को जांच के लिए भेजा जाता है। बॉन्ड जमैका में आता है और एक ड्राइवर द्वारा सरकार हाउस से होने का दावा करने पर बधाई दी जाती है, भले ही ऐसी व्यवस्था कभी नहीं की गई थी। वह वैसे भी इसके साथ जाता है और जल्द ही दो पुरुषों द्वारा पीछा किया जाता है। उन्हें खोने के बाद, बॉन्ड ड्राइवर से पूछताछ करता है, जो कोई जानकारी देने से पहले साइनाइड से भरी सिगरेट से आत्महत्या कर लेता है। बॉन्ड गवर्नमेंट हाउस के लिए आगे बढ़ता है और प्रोफेसर डेंट से भूविज्ञान रसीद ढूंढते हुए स्ट्रैंगवेज होम जाता है।

गवर्नमेंट हाउस का एक अधिकारी बॉन्ड को बताता है कि स्ट्रांगवेज ने क्वारेल नाम के एक स्थानीय मछुआरे के साथ चट्टान के नमूने एकत्र करने के लिए एक नाव निकाली थी। बॉन्ड झगड़ा पाता है और महसूस करता है कि वह उन लोगों में से एक था जो हवाई अड्डे से उसका पीछा कर रहे थे। झगड़े के साथ एक संक्षिप्त विवाद के बाद, एक अन्य व्यक्ति दिखाई देता है और बॉन्ड को बंदूक की नोक पर रखता है, बाद में खुद को सीआईए का फेलिक्स लेटर बताता है। वे गीगर काउंटर के साथ क्वेरेल की नाव पर जाते हैं और बॉन्ड को पता चलता है कि नाव में जिस जगह पर स्ट्रैंगवेज़ ने चट्टानें रखी हैं, उसकी उच्च रीडिंग है - चट्टानें रेडियोधर्मी थीं। बॉन्ड प्रोफेसर डेंट से मिलने जाता है, जो उसे बताता है कि स्ट्रैंगवेज कुछ लौह अयस्क चट्टानों को वापस लाए, यह सोचकर कि वे मूल्यवान हैं। इस डर से कि वह बहुत कुछ जानता है, डेंट बॉन्ड को एक जाल में फँसाने की कोशिश करता है। हालांकि, चट्टान के नमूनों के बारे में सच्चाई जानने के बाद, बॉन्ड इंतजार करने के

लिए तैयार हो जाता है और प्रोफेसर को मार डालता है। बॉन्ड तब क्रैब की द्वीप का दौरा करता है, जहां से चट्टानें आई थीं, यह सुनने के बाद कि द्वीप पर एक अजीब चीनी आदमी का भारी पहरा है। वे हनी राइडर नाम की एक लड़की से मिलते हैं, जो समुद्र तट पर गोले इकट्ठा कर रही है। पहरेदार हनी की नाव देखते हैं और उनका पीछा करते हैं। वे अंततः ड्रैगन की तरह दिखने के लिए तैयार एक वाहन द्वारा पकड़े जाते हैं, और झगड़े के मारे जाने के बाद उन्हें पकड़ लिया जाता है। बॉन्ड द्वीप के मालिक, डॉ. नो से मिलता है, और पता चलता है कि वह SPECTRE के लिए काम करता है, काउंटर-इंटेलिजेंस, आतंकवाद, बदला और जबरन वसूली के लिए विशेष कार्यकारी। उन्होंने रात का भोजन किया और डॉ. नो ने नासा के प्रोजेक्ट मरकरी में रॉकेटों को बाधित करने के लिए परमाणु शक्ति वाले रेडियो बीम का उपयोग करके SPECTRE की शक्ति का प्रदर्शन करने की अपनी योजना का खुलासा किया, जो अमेरिका में पहला मानव अंतरिक्ष उड़ान कार्यक्रम है। संगठन में शामिल होने के प्रस्ताव को ठुकराने के बाद, बॉन्ड को एक छोटी सी कोठरी में कैद कर दिया जाता है। वह वेंट सिस्टम के माध्यम से भागने का प्रबंधन करता है और एक तकनीशियन पर घात लगाकर हमला करता है, अपने कपड़े लेकर और नियंत्रण कक्ष में घुस जाता है। उसके बाद वह रिएक्टर पर हावी हो जाता है, जिससे आसन्न मेल्टडाउन हो जाता है और द्वीप को खाली कर दिया जाता है। डॉ. नो बॉन्ड के पीछे जाते हैं और रिएक्टर के बीचोबीच उनकी मौत के लिए फेंक दिए जाते हैं। बॉन्ड तब हनी राइडर को ढूंढता है और द्वीप में विस्फोट होते ही एक नाव में भाग जाता है। उत्पादन - एक युग की शुरुआत 1960 के अंत में, निर्माता हैरी साल्ट्ज़मैन ने जेम्स बॉन्ड के लेखक इयान फ्लेमिंग से संपर्क किया, जो उपन्यासों के लिए फिल्म के अधिकारों की बिक्री पर चर्चा करना चाहते थे। फ्लेमिंग, जिसने उस समय 7 वर्षों तक बॉन्ड उपन्यास लिखे थे, ने शायद अतीत में अधिकारों के लिए अवैध प्रस्तावों का अपना उचित हिस्सा देखा था। तो यह सुनिश्चित करने के लिए कि साल्ट्ज़मैन गंभीर था, उसने उस समय के लिए काफी बेतुके ढंग से उच्च कीमत का सुझाव दिया, 6 महीने की होल्ड के लिए $50,000, और उनकी रिलीज पर $100,000 प्रति फिल्म। अपने आश्चर्य के लिए, साल्ट्ज़मैन ने स्वीकार कर लिया। इस बीच, निर्माता क्यूबी ब्रोकोली ने अपने फिल्म पार्टनर इरविंग एलेन के साथ नाता तोड़ लिया था, और एक नई परियोजना की तलाश कर रहे थे। उसने अपने एक मित्र से सुना कि हैरी साल्ट्ज़मैन के पास अधिकार थे, और उपन्यासों पर उसकी 6 महीने की पकड़ समाप्त होने के कारण उसे धन प्राप्त करने में परेशानी हो रही थी। अधिकार खरीदने का प्रयास करते हुए क्यूबी उसे देखने गया, लेकिन हैरी उन्हें छोड़ना नहीं चाहता था, इसलिए उन्होंने इसके बजाय एक साझेदारी बनाई, और किंवदंती शुरू हुई। क्यूबी और हैरी अमेरिकी गए और फिल्म को यूनाइटेड आर्टिस्ट्स के प्रमुखों के सामने रखा, जो, जैसा कि यह निकला, उस वर्ष की शुरुआत में जेम्स बॉन्ड के अधिकार हासिल करना चाह रहे थे। सौदा किया गया था, और उत्पादन $1,000,000 के बजट पर शुरू हुआ था। यूए ने मूल रूप से थंडरबॉल को पहली फिल्म बनाने की योजना बनाई थी, क्योंकि उपन्यास अभी

कई महीने पहले ही जारी किया गया था। एक पटकथा भी लिखी गई थी, लेकिन समस्याएँ आईं और परियोजना रद्द कर दी गई। कई साल पहले, इयान फ्लेमिंग ने कई अन्य लेखकों के साथ एक पटकथा बनाने के लिए एक परियोजना शुरू की थी, जिसे केविन मैकक्लोरी निर्देशित करने वाले थे। परियोजना विफल रही, और पूरी तरह से समाप्त हो गई, लेकिन इयान फ्लेमिंग ने अपने उपन्यास थंडरबॉल में पटकथा के कुछ तत्वों का उपयोग किया। जिस समय हैरी साल्ट्ज़मैन और क्यूबी ब्रोकोली ने टीम बनाई थी, केविन थंडरबॉल बनाने के अपने इरादे से अवगत हो गए थे और उपन्यास के तत्वों पर अधिकार का दावा करते हुए इयान फ्लेमिंग पर मुकदमा कर दिया था। लेखकत्व पर एक बड़ी बहस है, लेकिन संक्षेप में, केविन ने केस जीत लिया। इसलिए थंडरबॉल को खत्म कर दिया गया, और निर्माताओं ने इसके बजाय डॉ. नंबर के एक रूपांतरण पर जाने का फैसला किया। वे लेखक रिचर्ड मैबाउम को लाए, जो रद्दी थंडरबॉल पटकथा पर काम कर रहे थे। क्यूबी ने निर्देशक टेरेंस यंग को भी लिया, जिनके साथ उन्होंने अपनी कुछ शुरुआती प्रस्तुतियों में पहले काम किया था।

जेम्स बॉन्ड जेम्स बॉन्ड की भूमिका के लिए कई प्रसिद्ध अभिनेताओं पर विचार किया गया था, लेकिन हैरी और क्यूबी हमेशा एक अज्ञात अभिनेता को भूमिका निभाने के लिए प्राथमिकता देते थे। "जेम्स बॉन्ड का पता लगाएं" के लिए एक प्रतियोगिता आयोजित की गई थी, और कुछ फाइनलिस्टों ने हैरी, क्यूबी और इयान फ्लेमिंग के सामने ऑडिशन दिया था। सर्वश्रेष्ठ उम्मीदवार को पेशेवर मॉडल पीटर एंथोनी घोषित किया गया था, लेकिन क्यूबी ने फैसला किया कि वह इस भूमिका को नहीं निभा पाएंगे। निर्माता अंततः सीन कॉनरी पर बस गए, जिनके पास न केवल बॉन्ड के लिए आवश्यक शैली और करिश्मा था, बल्कि उनके बारे में एक निश्चित खुरदरापन भी था जो बॉन्ड के दंभ को एक अधिक संतुलित चरित्र में बदल देगा। कॉनरी को शुरू में 6 फिल्मों के लिए 3 साल के अनुबंध की पेशकश की गई थी, लेकिन हाल ही में फॉक्स के साथ एक खराब अनुबंध से बाहर होने के बाद, उन्होंने अन्य भूमिकाएं निभाने की स्वतंत्रता की मांग की। निर्माताओं ने स्वीकार कर लिया, समझौते को प्रति वर्ष 1 फिल्म में बदल दिया गया और सीन कॉनरी जेम्स बॉन्ड बन गए। हनी राइडर हनी राइडर की भूमिका निभाने के लिए सही अभिनेत्री की खोज करते समय, निर्माता क्यूबी ब्रोकोली ने उर्सुला एंड्रेस की एक तस्वीर को अपने डेस्क पर पड़े सैकड़ों प्रचार शॉट्स के ढेर के बीच खोजा। जैसा कि क्यूबी ने अपनी आत्मकथा में याद किया, उसने तस्वीर उठाई और साथी निर्माता हैरी साल्ट्ज़मैन से कहा, "ठीक है, यह वह लड़की है, हैरी", उसे लगभग तुरंत ही भूमिका में डाल दिया।

शूटिंग शुरू होने से दो हफ्ते पहले उर्सुला ने अपने पति की सलाह पर भूमिका स्वीकार कर ली। मजे की बात यह है कि क्यूबी ने अपने डेस्क पर जो पब्लिसिटी शॉट देखा था, वह उर्सुला का पानी से बाहर निकलते हुए था, इसी तरह से कि वह बाद में फिल्म में कैसे दिखाई देगी। संगीत डॉ. कोई साउंडट्रैक नहीं डॉ. नो साउंडट्रैक को 8 मई, 1963 को डॉ. नो की अमेरिकी रिलीज के साथ जारी किया गया था। जॉन बैरी ऑर्केस्ट्रा द्वारा रिकॉर्ड किए

गए गीतों के अलावा, एल्बम के अधिकांश गाने बायरन ली और ड्रैगनेयर द्वारा प्रस्तुत किए गए थे, जो दिखाई दिए फिल्म में जंप अप गा रहे हैं। जेम्स बॉन्ड थीम की रचना किसने की, इस पर अभी भी बहुत बहस और विवाद है। मोंटी नॉर्मन को मूल रूप से फिल्म के साउंडट्रैक को लिखने के लिए काम पर रखा गया था, और फिल्म में इसके लिए उन्हें श्रेय दिया गया था। हालांकि, उत्पादन के बीच में, निर्माताओं ने संगीतकार जॉन बैरी को मुख्य विषय को पुनर्व्यवस्थित करने और फिल्म के लिए बाकी संगीत लिखने के लिए नियुक्त किया। संगीतकार में बदलाव ने फिल्म और साउंडट्रैक के बीच विसंगतियों को पेश किया। फिल्म में संगीत लगभग पूरी तरह से जॉन बैरी का था, जबकि साउंडट्रैक ज्यादातर मोंटी नॉर्मन्स का काम है, जिनमें से अधिकांश फिल्म में अप्रयुक्त थे। इस वजह से, एल्बम को मीडिया और बॉन्ड प्रशंसकों से समान रूप से औसत दर्जे की समीक्षाएं मिलीं। यह भी ध्यान दें कि उस समय डायना कप्लैंड नॉर्मन की पत्नी थीं।

# 4

# From Russia with Love, प्यार से रूस की ओर से, दुनिया बचाने वाला

SPECTRE के प्रमुख योजनाकार और शतरंज के ग्रैंडमास्टर क्रोनस्टीन रूसियों से लेक्टर डिकोडिंग मशीन चुराने की योजना तैयार करते हैं, जबकि उसी समय ब्रिटिश सीक्रेट सर्विस को अपमानित करते हैं और जेम्स बॉन्ड को मारते हैं। वह बॉन्ड को जाल में फँसाने के लिए एक खूबसूरत लड़की का इस्तेमाल करने का फैसला करता है। कार्यपालन प्रमुख, रोज़ा क्लेब, को योजना को क्रियान्वित करने के लिए चुना गया है। वह एक रूसी साइफर क्लर्क तातियाना रोमानोवा को चुनती है, जो इस्तांबुल में सोवियत वाणिज्य दूतावास में काम करती है, और लेक्टर तक उसकी पहुंच है। क्लेब उसे यह सोचकर मूर्ख बनाता है कि वह मातृभूमि के लिए काम कर रही है, जबकि क्लेब वास्तव में अनजाने में SMERSH से अलग हो गया है। वापस लंदन में, बॉन्ड को एम द्वारा जानकारी दी जाती है, जिसे तातियाना से एक पत्र मिला है।

उसने बॉन्ड को लेक्टर की पेशकश की थी, बदले में उसे इंग्लैंड जाने में उसकी मदद करने में मदद की थी। एमआई 6 वहां लेक्टर पर हाथ डालना चाहता है, इसलिए बॉन्ड को स्टेशन केरीम बे के प्रमुख से मिलने के लिए इस्तांबुल भेजा जाता है। अगले दिन केरीम के कार्यालय पर बमबारी की जाती है, इसलिए बॉन्ड उसके साथ सोवियत वाणिज्य दूतावास की जासूसी करने जाता है। केरीम को पता चलता है कि क्रूर हत्यारा क्रिलेंकू शहर में वापस आ गया है, और बॉन्ड को खतरे से बाहर रहने के लिए शहर के बाहरी इलाके में एक जिप्सी शिविर में ले जाता है। शिविर पर क्रिलेंकू द्वारा हमला किया जाता है और दोनों उसे ट्रैक करते हैं और

उसकी हत्या कर देते हैं। बॉन्ड अपने होटल लौटता है और पाता है कि तातियाना बिस्तर पर उसका इंतज़ार कर रही है। वे तातियाना के लिए वाणिज्य दूतावास का नक्शा बनाने की व्यवस्था करते हैं, जिसकी बाद में करीम द्वारा पुष्टि की जाती है, जो सरकारी योजनाओं को प्राप्त करता है। वे अगले दिन लेक्टर चोरी करते हैं और तातियाना के आग्रह पर ओरिएंट एक्सप्रेस पर भाग जाते हैं। वे ओके ट्रेन में सवार हो जाते हैं, लेकिन बेलग्रेड स्टेशन रेड ग्रांट पर, एक भूत हत्यारा, एक एमआई6 एजेंट को मार देता है और उसकी पहचान लेकर ट्रेन में सवार हो जाता है। वह बॉन्ड से मिलता है, और रात के खाने पर तातियाना को ड्रग्स देता है। वे डिब्बे में वापस जाते हैं और ग्रांट बॉन्ड को मारने और लेक्टर को चोरी करने की अपनी योजना का खुलासा करता है। क्यू के एक अटैच केस गैजेट के लिए धन्यवाद, बॉन्ड तालिकाओं को चालू करने का प्रबंधन करता है और ग्रांट को मारता है, तातियाना के साथ अपने भागने के मार्ग को स्थानीय डॉक पर ले जाता है। एक स्पेक्टर हेलीकॉप्टर द्वारा मारे जाने से दोनों बच जाते हैं, और फिर वापस इंग्लैंड जाने के लिए समुद्र में चले जाते हैं। उन्हें स्पेक्टर नावों द्वारा फिर से रोक लिया जाता है, लेकिन वे उन्हें पानी से बाहर निकालने और दूर जाने में कामयाब होते हैं। वापस इंग्लैंड में, बॉन्ड को क्लेब द्वारा लगभग मार दिया जाता है जो एक नौकरानी के रूप में प्रच्छन्न है। यह जानकर कि उसे धोखा दिया गया है, तातियाना ने क्लेब को गोली मार दी और बॉन्ड के साथ गोंडोला की सवारी पर चली गई क्योंकि कैमरा कार्रवाई से बाहर हो गया। ढलाई तातियाना रोमानोवा ब्रिटेन में डॉ. नो का धमाका हुआ था, और जब तक डॉ. नो अमेरिका के सिनेमाघरों में पहुंचे तब तक फ्रॉम रशिया विद लव पर काम शुरू हो चुका था। युनाइटेड आर्टिस्ट्स ने बजट को दोगुना कर दिया, क्योंकि अगर फिल्म फ्लॉप भी हुई, तो डॉ. नो से होने वाला मुनाफा इसे कवर करने से ज्यादा होगा। निर्माता एक बड़ी चुनौती के साथ रह गए थे, उनके पास न केवल डॉ. नो की प्रतिभा का मुकाबला था, उन्हें इसे पार करना था।

पहले प्रमुख कार्यों में से एक रूसी सुंदरी तातियाना रोमानोवा की भूमिका निभाने के लिए एक अभिनेत्री की तलाश थी। उन्होंने 200 से अधिक अभिनेत्रियों का साक्षात्कार लिया, और रिपोर्टर डोनाल्ड ज़ेक की मदद भी ली, जिससे उन्हें सत्रों में बैठने दिया गया। उन्हें ऐसा कोई नहीं मिला जो इस भूमिका को निभाने के लिए पर्याप्त रूप से सुंदर और शिष्ट हो, और फरवरी 1963 में, उन्होंने एक प्रेस विज्ञप्ति जारी की जिसमें 'कामुक, युवा ग्रेटा गार्बो' की तलाश की गई। उन्हें अंततः इतालवी मॉडल डेनिएला बियांची मिली, और उन्होंने क्या अच्छा विकल्प बनाया। ब्लोफेल्ड फ्रॉम रशिया विद लव ब्लोफेल्ड के क्रेडिट में एक प्रश्न चिह्न के साथ श्रेय दिया गया था। हालांकि उस समय बहुत कम लोग जानते थे, अब अधिकांश 007 प्रशंसकों के बीच यह सामान्य ज्ञान है कि ब्लोफेल्ड की भूमिका एंथोनी डावसन ने निभाई थी, जिन्होंने डॉ. नं में प्रोफेसर डेंट की भूमिका निभाई थी। उन्हें एरिक पोल्मैन द्वारा आवाज दी गई थी, हालांकि एंथनी की आवाज नहीं हो सकती थी। स्पष्ट कारणों के लिए उपयोग करें। संगीत फ्रॉम रशिया विथ लव पहली फिल्म थी जिसमें

संगीतकार जॉन बैरी को प्राथमिक संगीतकार के रूप में सूचीबद्ध किया गया था, भले ही उन्होंने डॉ. नो के लिए अधिकांश संगीत भी तैयार किया था। संगीत ओलिवर! के लिए लेखक, गीतकार और संगीतकार, और मैट मोनरो द्वारा गाया गया था। जेम्स बॉन्ड थीम के लेखकत्व पर सभी विवादों के साथ, जॉन बैरी ने फ्रॉम रशिया विद लव के लिए एक नया लिखने का फैसला किया। इसके बाद से इसे '007 थीम' के रूप में जाना जाने लगा, और इसे एक माध्यमिक जेम्स बॉन्ड थीम के रूप में माना जाता है, क्योंकि इसका उपयोग कई बॉन्ड फिल्मों में किया गया है, विशेष रूप से फ्रॉम रशिया विद लव, थंडरबॉल, यू ओनली लिव ट्वाइस, डायमंड्स आर फॉरएवर और मूनरेकर। द स्पाई हू लव्ड मी में जॉन बैरी के स्टॉकिंग ट्रैक का फिर से इस्तेमाल किया गया, जिसका साउंडट्रैक बैरी नहीं, मार्विन हैम्लिस्क द्वारा रचित था। फ्रॉम रशिया विद लव का साउंडट्रैक 27 मई, 1964 को अमेरिका में फिल्म की रिलीज के ठीक बाद जारी किया गया था।

# 5

गोल्डफिंगर एक प्री-टाइटल सीक्वेंस के साथ शुरू होता है जहां जेम्स बॉन्ड बेस को प्लास्टिक विस्फोटकों से उड़ाकर मैक्सिकन ड्रग ऑपरेशन को नाकाम कर देता है। शीर्षकों के बाद, फिल्म मियामी बीच, यूएसए में खुलती है, जहां फेलिक्स लेटर बॉन्ड को एम से एक संदेश देता है, जिसमें उसे ऑरिक गोल्डफिंगर देखने के लिए कहा जाता है। बॉन्ड को पता चलता है कि गोल्डफिंगर ताश के पत्तों को धोखा दे रहा है, एक महिला दूसरे आदमी की जासूसी करने के लिए दूरबीन का इस्तेमाल कर रही है, गोल्डफिंगर को उसके कान के टुकड़े के माध्यम से अपने कार्ड की सूचना दे रही है। बॉन्ड ने लड़की को बहकाया और मियामी बीच पुलिस को बुलाने की धमकी देकर गोल्डफिंगर को 10,000 डॉलर मुक्त करवाए। गोल्डफिंगर अपना बदला लेता है, श्रृंखला के सबसे प्रतिष्ठित दृश्य में, अपने गुर्गे ओडजॉब को सोने के पेंट से लड़की का दम घुटने से मारने के लिए भेजता है। बॉन्ड लंदन जाता है और बैंक ऑफ इंग्लैंड के कर्नल स्मिथर्स के साथ डिनर करता है, जहां उसे पता चलता है कि उसका असली मिशन यह पता लगाना है कि गोल्डफिंगर देश से सोने की तस्करी कैसे कर रहा है।

वह एक गोल्फ क्लब में गोल्डफिंगर से मिलता है, जहां दोनों एक मैच खेलते हैं, जिसके किनारे सोने की एक पट्टी होती है। गोल्डफिंगर के धोखा देने के बावजूद, बॉन्ड ने उसे चतुराई से मात देकर गेम जीत लिया। गोल्डफिंगर ने बॉन्ड को अपने मामलों के साथ खिलवाड़ करना बंद करने की चेतावनी दी, एक खतरे के रूप में अपनी गेंदबाजी टोपी के साथ एक मूर्ति के सिर को मारने के लिए ओडजॉब प्राप्त करना। धमकी के बावजूद, बॉन्ड स्विट्जरलैंड तक उसका पीछा करता है और अंधेरा होने तक डेरा डालता है। ऑपरेशन ग्रैंड स्लैम के बारे में गोल्डफिंगर की बात को सुनने के बाद, बॉन्ड का सामना टिली मास्टरसन से होता है, जो अपनी बहन की मौत का बदला लेने की कोशिश कर रही है। दोनों गलती से एक ट्रिप वायर को सक्रिय कर देते हैं, और सुरक्षा द्वारा DB5 में उनका पीछा किया जाता है। वे एक गतिरोध से टकराते हैं और भागने की कोशिश करते समय, टिली की मौत हो जाती है और बॉन्ड को पकड़ लिया जाता है। बॉन्ड एक टेबल से बंधा हुआ जागता है, और एक औद्योगिक लेजर द्वारा लगभग बधिया कर दिया जाता है, लेकिन जब वह ऑपरेशन ग्रैंड स्लैम के बारे में जानने का दावा करता है तो उसे जीवित रखा जाता है। उसके बाद उसे

केंटुकी ले जाया गया जहां उसकी मुलाकात पायलट पुसी गेलोर से हुई। वह भागता है और ऑपरेशन का विवरण देते हुए गोल्डफिंगर को सुनता है। गोल्डफिंगर की योजना फोर्ट नॉक्स के आसपास के सैनिकों को अदृश्य तंत्रिका गैस से बाहर निकालने की है, और फिर अंदर घुसकर तिजोरियों में परमाणु बम स्थापित करना है। इससे सोना रेडियोधर्मी और 58 वर्षों के लिए बेकार हो जाएगा, जिससे उसके अपने सोने का मूल्य बढ़ जाएगा। पुसी गेलोर को गैस स्प्रे करने के लिए फोर्ट नॉक्स के ऊपर विमानों के एक समूह का नेतृत्व करने के लिए कहा गया है। वह हालांकि बॉन्ड द्वारा बहकाया जाता है, और सीआईए को बुलाता है, जो तंत्रिका को हानिरहित हवा से बदल देता है। योजना अमल में आती है, और फोर्ट नॉक्स के आसपास के गार्ड बेहोश होने का नाटक करते हैं, जबकि गोल्डफिंगर तिजोरी में घुस जाता है। बम तिजोरी में ओडजॉब और बॉन्ड के साथ बंद है, और गोल्डफिंगर भागने की तैयारी करता है। हालाँकि, वह गार्ड द्वारा घात लगाकर हमला किया जाता है, लेकिन किसी भी तरह से भागने का प्रबंधन करता है, क्योंकि उसने अपनी जैकेट के नीचे एक कर्नल की वर्दी पहनी हुई थी, अगर कुछ गलत हो जाता। वाल्टों के अंदर, बॉन्ड ओडजॉब से लड़ता है और उसे बिजली के झटके से मार देता है, और फिर बम के आवरण को तोड़ देता है। वह निश्चित नहीं है कि इसे कैसे निष्क्रिय किया जाए, लेकिन अंतिम समय में, सीआईए अंदर आती है और एक बम विशेषज्ञ इसे निष्क्रिय करने में कामयाब होता है, घड़ी में केवल 007 सेकंड बचे हैं। मामला सुलझा लिया गया है और बॉन्ड को राष्ट्रपति के साथ डिनर करने के लिए वाशिंगटन ले जाया गया है। फेलिक्स और उसके दोस्तों से अनभिज्ञ गोल्डफिंगर ने पहले ही विमान का अपहरण कर लिया था और बॉन्ड को उसकी दया पर छोड़ दिया गया था। लड़ाई शुरू हो जाती है और विमान की एक खिड़की टूट जाती है। केबिन का दबाव कम हो जाता है और गोल्डफिंगर को उसकी मौत के लिए खिड़की से बाहर खींच लिया जाता है। बॉन्ड कॉकपिट में जाता है और पाता है कि पुसी गेलोर विमान चला रही है। दोनों विमान को नोज डाइव से बाहर निकालने की कोशिश करते हैं, लेकिन असफल होते हैं, इसके बजाय सुरक्षा के लिए पैराशूट का चयन करते हैं, आखिर में अकेले। पुसी प्रचुर मात्रा में नामकरण जब प्रोड्यूसर्स ने सुश्री गेलोर की भूमिका निभाने के लिए ऑनर ब्लैकमैन को चुना, तो उन्हें एक बड़ी चुनौती का सामना करना पड़ा। वे पुसी गेलोर नाम का उपयोग करना चाहते थे, लेकिन 60 के दशक के उतार-चढ़ाव के साथ, उन्हें पता था कि यह सेंसर से कभी नहीं हटेगा। प्रचारक टॉम कार्लिले ने समस्या का समाधान किया। उन्होंने ब्लैकमैन को मूव ओवर डार्लिंग के प्रीमियर पर भेजा, जिसमें उन्हें पता था कि प्रिंस फिलिप भाग लेंगे। उन्होंने यह सुनिश्चित किया कि ब्लैकमैन को राजकुमार से मिलवाया जाएगा, और दोनों की कुछ अच्छी तस्वीरें प्राप्त करने के लिए एक फोटोग्राफर को काम पर रखा। प्रेस ने उसके लिए बाकी काम किया। थोड़े से अनुनय-विनय से उन्होंने द डेली मेल के पहले पन्ने पर 'पुसी एंड द प्रिंस' शीर्षक के साथ तस्वीरें छपवा दीं। शीर्षक पर कोई सार्वजनिक आक्रोश नहीं था, और इसलिए निर्माताओं के पास नाम की सार्वजनिक स्वीकृति का प्रमाण था। उसके ऊपर,

वे एक मूल इयान फ्लेमिंग चरित्र नाम का उपयोग कर रहे थे। सेंसर ने इसे जाने दिया, और बाकी इतिहास है। टॉम कार्लिले की मदद के बिना, उसे किट्टी गेलोर कहा जा सकता था। विरासत हालांकि मुद्रास्फीति समायोजित राजस्व में थंडरबॉल के पीछे दूसरे स्थान पर, गोल्डफिंगर अपनी विरासत के मामले में स्पष्ट रूप से पहले स्थान पर है। यह समझने के लिए कि मोशन पिक्चर्स के इतिहास में यह सबसे रोमांचक रिलीज क्यों थी, आपको यह महसूस करना होगा कि गोल्डफिंगर रिलीज होने से पहले ही एक किंवदंती थी। 17 सितंबर 1964 को लंदन ओडियन में विश्व प्रीमियर की रात, फिल्म को एक सोने के टिन में बंद कर दिया गया था और सोने के सूट पहने मॉडलों द्वारा वितरित किया गया था।

और तभी ऑनर ब्लैकमैन पहुंचे। उसने अपनी छोटी उंगली पर 22 कैरेट सोने की उंगली पहनी थी, जिसकी कीमत 100,000 डॉलर के बराबर थी। भीड़ में उत्साह आश्चर्यजनक था, और झगड़े और दंगे भड़क उठे। इतनी कम जगह में इतने सारे लोग थे कि एक पुलिसकर्मी को वास्तव में सिनेमा की खिड़की से धक्का दे दिया गया था। भीड़ इतनी उग्र हो गई कि भीड़ को बाहर रखने के लिए ऑनर को लगभग 100 पुलिसकर्मियों के साथ अंदर ले जाया गया। प्रोड्यूसर्स ने पूरी तरह से ब्रिटिश शैली को बनाए रखते हुए फिल्म को अमेरिकी दर्शकों के लिए थोड़ा और गियर करने का फैसला किया था। उन्होंने मियामी और केंटकी और फोर्ट नॉक्स में शूटिंग की। और विज्ञापन का पैमाना बहुत बड़ा था। हर किसी ने, हर जगह प्रसिद्ध गोल्डन गर्ल को देखा था। दुनिया भर में इतना प्रचार और उत्साह था, और फिल्म रिलीज भी नहीं हुई थी। रिलीज के बाद हाइप और भी बढ़ गई। शुरुआती सीक्वेंस श्रृंखला के सर्वश्रेष्ठ में से एक था, और पूरी फिल्म इतने भव्य पैमाने पर थी। यह जीवन से बड़ा, सुरुचिपूर्ण, मनोरंजक, सेक्सी और थोड़ा मज़ेदार था। इसमें गैजेट्स, लड़कियां, स्थान, कारें और शानदार कलाकार थे।

गोल्डफिंगर बॉन्ड श्रृंखला का उच्चतम बिंदु था, और हमेशा श्रृंखला में सर्वश्रेष्ठ प्रविष्टि, एक सच्ची किंवदंती बनी रहेगी। द गोल्डन गर्ल संगीत गोल्डफिंगर के लिए मुख्य विषय जॉन बैरी द्वारा रचित था। इसके बाद ब्रिटिश कलाकारों एंथोनी न्यूले और लेस्ली ब्रिकस द्वारा गीतों को जोड़ा गया, जिन्होंने अतीत में परियोजनाओं पर एक साथ काम किया था। हालांकि वास्तव में गीत को क्या बनाया गया था, यह किंवदंती शर्ली बस्सी को लाने का विकल्प था। यह पहली बार था जब शर्ली श्रृंखला के लिए गाएगी, बाद में डायमंड्स आर फॉरएवर और मूनरेकर करने के लिए वापस आ रही थी। दिलचस्प रूप से पर्याप्त है, भले ही गाने को निश्चित थीम गीत माना जाता है, मूल जेम्स बॉन्ड थीम के बाहर, निर्माता हैरी साल्ट्ज़मैन को इससे नफरत थी।

यह लगभग खत्म हो गया था, लेकिन हैरी के साथी क्यूबी ब्रोकोली ने उसे इसे रखने के लिए राजी किया, और किंवदंती शुरू हुई। शर्ली के नाटकीय और बोल्ड वोकल्स ने गीतों को जीवंत बना दिया, और जॉन बैरी की ऑर्केस्ट्रल व्यवस्था के लिए पूरी तरह से अनुकूल था। एंथोनी न्यूले ने मूल रूप से इसे गाया था, लेकिन वे आपस में सहमत थे कि किसी बोल्डर

की जरूरत थी। पूरी तरह से साउंडट्रैक पूरी तरह से फिल्म के साथ चला गया, क्योंकि बैरी ने दृश्य के संदर्भ से मेल खाने के लिए ध्वनि प्रभाव का इस्तेमाल किया। उदाहरण के लिए, जब जिल मास्टर्सन को मृत पाया जाता है, और सोने के रंग में ढका होता है, तो एक धातु की झंकार बजाई जाती है। फिल्म के रिलीज होने से पहले ही गोल्डफिंगर साउंडट्रैक चार्ट पर #1 था। और 1965 में इसने द बीटल्स को पीछे छोड़ दिया। शर्ली बस्सी ने साउंडट्रैक की दस लाख से अधिक प्रतियां बेचकर समाप्त कर दिया, विडंबना यह है कि उसने आरआईएए से एक स्वर्ण एल्बम अर्जित किया। 1964 में, संगीतकार जॉन बैरी ने हाल ही में जुलु के लिए अपना साउंडट्रैक समाप्त किया था, और द आईपीसीआरईएस फ़ाइल के लिए संगीत पर काम शुरू करने से बहुत दूर नहीं थे, जो निर्माता हैरी साल्ट्ज़मैन की एक परियोजना भी थी। उन दो फिल्मों के बीच, बैरी गोल्डफिंगर थीम पर काम करने में कठिन था, जिस पर वह अक्सर 24 घंटे से अधिक की अवधि के लिए काम करता था, तब तक सोता नहीं था जब तक कि वह उस सेक्शन को पूरा नहीं कर लेता जो वह कर रहा था। और कट्टरपंथियों के लिए सामान्य ज्ञान का एक दुर्लभ टुकड़ा: पहला व्यक्ति - बेशक बैरी के अलावा - मूल गोल्डफिंगर विषय को सुनने के लिए, माइकल केन के अलावा कोई नहीं था, जो उस समय कुछ दिनों के लिए बैरी के साथ रह रहा था।

# 6

# जेम्स बॉन्ड: प्यार और आग

जेम्स बॉन्ड को श्रुबलैंड्स हेल्थ क्लिनिक में भेजा जाता है क्योंकि एम फैसला करता है कि वह बहुत अधिक पीता है, और आकार से बाहर है। बॉन्ड जल्द ही एक मृत व्यक्ति को उसके चेहरे को ढँकने वाली पट्टियों के साथ खोजता है, और इसके कारण मृत्यु के कई प्रयासों को याद करता है। उसे पता चलता है कि मृत व्यक्ति फ्रेंकोइस डर्वाल था, एक नाटो पायलट जो दो परमाणु बमों के साथ एक शीर्ष-गुप्त प्रशिक्षण मिशन शुरू करने वाला था। Derval को SPECTRE एजेंट एंजेलो ने मार डाला, जो प्लास्टिक सर्जरी करवाता है ताकि वह Derval के रूप में गुजर सके। वह प्रशिक्षण मिशन पर जाता है, अन्य यात्रियों को गैस देता है और बहामास में विमान को समुद्र में गिरा देता है। अपने हाथों में बमों के साथ, SPECTRE ने यूनाइटेड किंगडम और संयुक्त राज्य अमेरिका को फिरौती के लिए पकड़ रखा है, और हीरों में 100 मिलियन पाउंड की माँग कर रहा है। डर्वल की बहन डोमिनोज़ की तलाश में बॉन्ड नासाउ जाता है। उसे पता चलता है कि वह एमिलियो लार्गो की मालकिन है, जो ब्लोफेल्ड की कमान में दूसरी है। वह लार्गो जाने के लिए डोमिनोज़ से दोस्ती करता है और अपनी स्कूबा टीम में घुसपैठ करने का प्रबंधन करता है जब वे एक भूमिगत गुफा से बमों को बरामद करने जाते हैं।

अंततः बॉन्ड की खोज की जाती है और लार्गो के आदमियों से उसके भागने में बाल-बाल बच जाता है। फ़ेलिक्स लेटर तट रक्षकों के एक स्क्वाड्रन के साथ बचाव के लिए आता है, जो पानी में पैराशूट से उतरता है और लार्गो के अधिकांश चालक दल को हरा देता है। लार्गो अपनी नौका तक भागने में सफल हो जाता है, लेकिन बॉन्ड भी पीछे नहीं है। नाव के पतवार में लड़ाई शुरू हो जाती है, और लार्गो का पलड़ा भारी हो जाता है। जैसे ही वह बॉन्ड को मारने वाला होता है, हापून गन का तीर लार्गो के दिल में गोली मार देता है, क्योंकि डोमिनोज़ अपने भाई का बदला लेता है। कानूनी मुद्दों थंडरबॉल उपन्यास लिखे जाने से पहले, केविन मैकक्लोरी, जैक व्हिटिंगम और इयान फ्लेमिंग ने जेम्स बॉन्ड की एक फिल्म की पटकथा

लिखने के लिए एक साथ काम किया था।

परियोजना को अंततः खत्म कर दिया गया था, लेकिन फ्लेमिंग ने अपने अगले उपन्यास में कुछ सामान्य विचारों का इस्तेमाल किया। केविन मैक्क्लोरी ने दावा किया कि उन्होंने थंडरबॉल में मौजूद ब्लोफेल्ड, स्पेक्टर और कुछ अन्य तत्वों को बनाया है। इस मुद्दे पर अत्यधिक बहस हुई है, क्योंकि इयान फ्लेमिंग ने मैक्क्लोरी से मिलने से पहले ही स्पेक्टर पर चर्चा करते हुए कई मेमो लिखे थे, इसलिए उनके पास वास्तव में एक गलत तर्क था। लेकिन इसका असर अभी भी था। क्यूबी ब्रोकोली और हैरी साल्ट्ज़मैन ने मूल रूप से थंडरबॉल को श्रृंखला की पहली फिल्म बनाने का इरादा किया था, लेकिन मैक्क्लोरी द्वारा किए जा रहे उपद्रव के कारण वे पीछे हट गए और इसके बजाय डॉ. नो को चुना। केविन मैक्क्लोरी ने बाद में फ्लेमिंग पर मुकदमा दायर किया और थंडरबॉल, स्पेक्टर और ब्लोफेल्ड के अधिकार हासिल किए। EON प्रोडक्शंस ने पहले ही फ्रॉम रशिया विथ लव में ब्लोफेल्ड का इस्तेमाल किया था, और डॉ. नो SPECTRE के सदस्य थे। इसलिए उन्होंने मैक्क्लोरी के साथ एक समझौता किया, कि वे उसे थंडरबॉल के लिए एक निर्माता बना देंगे यदि वह उन्हें इसे फिल्माने दें, और यदि वे अगले 12 वर्षों के लिए स्पेक्टर और ब्लोफेल्ड चरित्र का उपयोग कर सकें। समझौता हो गया, और थंडरबॉल अब तक की सबसे अधिक कमाई करने वाली बॉन्ड फिल्म बन गई, जिसने मुद्रास्फीति के लिए समायोजित लगभग एक बिलियन डॉलर की कमाई की।

ब्लोफेल्ड और स्पेक्टर का यू ओनली लिव ट्वाइस, ऑन हर मेजेस्टीज सीक्रेट सर्विस और डायमंड्स आर फॉरएवर में दोबारा इस्तेमाल किया गया। उसके कुछ ही समय बाद, उनका समझौता समाप्त हो गया, और SPECTRE श्रृंखला से गायब हो गया। संगीत थंडरबॉल थीम श्रृंखला के सबसे साहसिक, समृद्ध गीतों में से एक है। इसमें टॉम जोन्स की गहरी लेकिन जीवंत आवाज के साथ जॉन बैरी द्वारा ब्रास और पर्क्यूशन का शानदार उपयोग किया गया है। लेकिन दिलचस्प बात यह है कि यह फिल्म के लिए लिखा गया पहला अंश नहीं था। जॉन बैरी ने मूल रूप से मिस्टर किस किस बैंग बैंग गीत की रचना की थी, जिसके बोल लेस्ली ब्रिकस ने लिखे थे, जिन्होंने गोल्डफिंगर के गीतों पर भी काम किया था। शर्ली बस्सी और डायोन वारविक दोनों ने गाना रिकॉर्ड किया, लेकिन अंत में, निर्माताओं ने फैसला किया कि फिल्म का शीर्षक गाने में होना चाहिए, इसलिए मिस्टर किस किस बैंग बैंग को हटा दिया गया। जॉन बैरी ने गीतकार डॉन ब्लैक को शामिल किया और शुरुआत से एक नया विषय बनाया, टॉम जोन्स द्वारा गायन के साथ। गाने के फिनाले की रिकॉर्डिंग के दौरान, टॉम ने आखिरी नोट इतनी देर तक अपने पास रखा कि वह बेहोश हो गया! उनके अत्यधिक प्रयासों और समर्पण ने एक शानदार शुरुआत की, जो अब तक की सबसे ज्यादा कमाई करने वाली बॉन्ड फिल्म बन जाएगी।

दो अमेरिकी और रूसी अंतरिक्ष कैप्सूल को एक बड़े शिल्प द्वारा बाहरी अंतरिक्ष में अपहरण कर लिया जाता है, जो उन्हें रोकता है और छोटे कैप्सूल को अपने बड़े पतवार में निगल जाता है। अमेरिकी और रूसी सरकारें प्रत्येक मानती हैं कि दूसरा जिम्मेदार था, और डर है कि युद्ध छिड़ सकता है। हालांकि यूके सरकार का मानना है कि शिल्प जापान के समुद्र में उतरा था, और उन्होंने जेम्स बॉन्ड को जांच के लिए भेजा। बॉन्ड एक साथी MI6 एजेंट, डिक्को हेंडरसन से मिलने जाता है, जिसके पास कैप्सूल को वास्तव में हाईजैक करने के बारे में एक सिद्धांत है।

लेकिन इससे पहले कि वह जानकारी प्रकट करता, उसे एक नकाबपोश गुर्गे ने चाकू मार दिया। बॉन्ड गुर्गे को मारता है, उसका कोट और सर्जन का मुखौटा लेता है, और चोट लगने का नाटक करते हुए दुश्मन एजेंट की कार में चढ़ जाता है। वह ओसाटो केमिकल्स के लिए ड्राइव किया गया है, लेकिन अंदर जाने के बाद उसका कवर उड़ गया। बॉन्ड जाने से पहले कंपनी से कुछ गुप्त कागजात लेकर भागने में सफल हो जाता है। जैसे ही वह इमारत से बाहर निकलता है, उसे अकी द्वारा बचाया जाता है, जो बॉन्ड को जापानी गुप्त सेवा, टाइगर तनाका के प्रमुख के पास ले जाता है।

बॉन्ड और टाइगर चोरी हुए दस्तावेजों का अध्ययन करते हैं, जिससे पता चलता है कि निंग-पो मालवाहक जहाज की तस्वीर लेने के लिए एक पर्यटक को मार डाला गया था। बॉन्ड जांच करने के लिए गोदी की यात्रा करता है, और पता चलता है कि जहाज तरल ऑक्सीजन, एक रॉकेट ईंधन ऑक्सीडाइज़र ले जा रहा था। वह टाइगर को वापस रिपोर्ट करता है, और दोनों को पता चलता है कि अपहरण के पीछे SPECTRE है, और अमेरिकियों और सोवियत संघ के बीच युद्ध शुरू करने का प्रयास कर रहा है। बॉन्ड टाइगर की एलीट निंजा फ़ोर्स के साथ ट्रेन करता है और ब्लोफ़ेल्ड के ठिकाने की तलाश करने के लिए तैयार हो जाता है। जब वह प्रशिक्षण ले रहा होता है, बॉन्ड के खिलाफ एक हत्या के प्रयास में अकी गलती से मारा जाता है। बॉन्ड तनाका के छात्रों में से एक केसी सुज़ुकी के साथ निकलता है, जो उसे बताता है कि पहाड़ों के पास एक गुफा में नाव चलाने के दौरान एक ग्रामीण की मृत्यु हो गई थी। वे लोहे की छत के साथ पहाड़ों में एक ज्वालामुखी की जांच करते हैं और खोजते हैं। बॉन्ड खोखले हुए ज्वालामुखी में घुस जाता है, टाइगर से बैकअप लेने के लिए किसी को भेजता

है। संयुक्त राज्य अमेरिका ने अंतरिक्ष में एक और कैप्सूल प्रक्षेपित किया है, और ब्लोफेल्ड इसके बाद अपने यान को ऊपर भेजने की तैयारी कर रहा है। बॉन्ड अंतरिक्ष यात्रियों में से एक का पता लगाता है और उड़ान में उसकी जगह लेने के इरादे से उसे बेहोश कर देता है। हालाँकि, जब वह अंतरिक्ष यान में पहुँचता है, तो वह अपने सामने अपनी एयर-कंडीशनिंग इकाई लगाकर एक प्रक्रिया को तोड़ देता है। ब्लोफेल्ड ने गलती को नोटिस किया और बॉन्ड को कंट्रोल रूम में कैद कर लिया। टाइगर की निंजा टीम ज्वालामुखी की छत पर धावा बोलने की कोशिश करती है, लेकिन यह उनके लिए बहुत मजबूत है और ब्लोफेल्ड के गड्ढा बुर्ज से कई लोग मारे जाते हैं। बॉन्ड एक मिसाइल सिगरेट का उपयोग करता है जो उसने क्यू से प्राप्त की थी, ताकि वह क्रेटर डोर लीवर को संचालित करने के लिए लंबे समय तक ध्यान भंग कर सके। ब्लोफेल्ड जल्दी से नियंत्रण हासिल कर लेता है और दरवाजा बंद कर देता है, लेकिन टाइगर का एक आदमी फिसलने में कामयाब हो जाता है, और एक लंगड़ा खदान के साथ संरचना में एक छेद कर देता है। बाघ के आदमी ज्वालामुखी पर धावा बोल देते हैं और ब्लोफेल्ड भागने को मजबूर हो जाता है, इस प्रक्रिया में अपने कैदी को खो देता है। बॉन्ड एक गुर्ग को मारता है और एक चाबी लेता है जो ब्लोफेल्ड के अंतरिक्ष यान पर आत्म-विनाश का क्रम शुरू करेगा।

वह ठीक समय पर चाबी घुमाता है, अमेरिकी कैप्सूल को बचाता है और पूर्ण पैमाने पर परमाणु युद्ध को रोकता है। इससे पहले कि उसे जश्न मनाने का मौका मिले, ब्लोफेल्ड फिर से प्रकट होता है और ज्वालामुखी के लिए आत्म-विनाश का क्रम शुरू करता है। बॉन्ड और किस्सी ठीक समय पर भागने में कामयाब हो जाते हैं, और उस लाइफ़ बेड़ा में चढ़ जाते हैं जिसकी व्यवस्था टाइगर ने की थी। जैसे ही दोनों सहज होने लगते हैं, एम की पनडुब्बी उनके नीचे आ जाती है और मिस मनीपेनी को मूड खराब करने के लिए बाहर भेज दिया जाता है।

संगीत आप केवल दो बार जीते हैं जॉन बैरी का चौथी बार 007 श्रृंखला के लिए मुख्य संगीतकार के रूप में था। जॉन बैरी के ऑर्केस्ट्रा के पूर्ण विस्तार तक नरम सटीक तारों के निर्माण के साथ शीर्षक ट्रैक एक असाधारण सुंदर टुकड़ा था। साउंडट्रैक को एक प्रामाणिक रूप से प्रभावित जापानी विषय दिया गया था, और नैन्सी सिनात्रा के नरम और सुरीले स्वरों के लिए एक आदर्श मेल था। जॉन बैरी के सर्वश्रेष्ठ कार्यों में से एक होने के लिए इसे अक्सर कई प्रशंसकों द्वारा कहा गया है। हालांकि, आश्चर्यजनक रूप से, साउंडट्रैक की शुरुआत में बहुत कम बिक्री हुई थी। लेकिन तब से इसकी लोकप्रियता में वृद्धि हुई है, और मुख्य शीर्षक गीत को कई कलाकारों और संगीतकारों द्वारा कवर किया गया है, जिसमें उनके बॉन्ड योगदान के कई वर्षों बाद, शर्ली बस्सी भी शामिल हैं। मेरे पास उन लोगों के लिए काफी दिलचस्प कहानी है जो सवाल करते हैं कि वास्तव में जापानी एल्बम कितना प्रामाणिक है। एक बार में कुछ दोस्तों के साथ देर से टीवी देख रहा था, तभी अपेक्षाकृत नई, लेकिन कम बजट की जापानी फाइटिंग फिल्म आई। स्कोर काफी पारंपरिक थे, और मुझे कहना होगा, फिल्म से बेहतर। लेकिन मेरे आश्चर्य की कल्पना कीजिए जब नाटकीय समापन के दौरान,

यू ओनली लिव ट्वाइस थीम स्वयं टीवी से धमाकेदार आई! इससे ज्यादा उचित कुछ नहीं कह सकते।

# 8

# जेम्स बांड के परिपूर्ण सुंदरियो

कालानुक्रमिक क्रम में सभी जेम्स बॉन्ड लड़कियों की पूरी सूची, जेम्स बॉन्ड श्रृंखला के 50 से अधिक वर्षों से। डॉ. नो में हनी राइडर से लेकर स्काईफॉल में सेवरिन तक, एक ही स्थान पर सभी प्रतिष्ठित बॉन्ड गर्ल्स के बारे में जानें। बॉन्ड गर्ल बॉन्डस की लव इंटरेस्ट या फ्लर्टिंग है, जिनमें से अब तक 75 हो चुके हैं।

1. हनी राइडर बॉन्ड गर्ल हनी राइडर अभिनेत्री: उर्सुला एंड्रेस राष्ट्रीयता: स्विस बॉन्ड मूवी: डॉ. नो (1962) सार: हनी राइडर ने कैरेबियन समुद्र से सफेद बिकनी पहनकर एक बड़े शिकारी चाकू के साथ सिनेमा दर्शकों को चकित कर दिया। वह प्रशंसकों के बीच बेहद लोकप्रिय साबित हुई और आने वाली सभी बॉन्ड गर्ल्स के लिए टोन सेट कर दिया।

2. सिल्विया ट्रेंच बॉन्ड गर्ल सिल्विया ट्रेंच अभिनेत्री: यूनिस गेसन राष्ट्रीयता: अंग्रेजी बॉन्ड मूवी: डॉ. नो (1962) फ्रॉम रशिया विद लव (1963) सार: सिल्विया ट्रेंच ने डॉ. नो के शुरुआती दृश्य में "ट्रेंच. सिल्विया ट्रेंच" के रूप में अपना परिचय दिया, जिसे बॉन्ड ने अपने अब के ट्रेडमार्क "बॉन्ड. जेम्स बॉन्ड" के साथ नकल किया। ट्रेंच पहली दो फिल्मों के लिए बॉन्ड की प्रेमिका थी, एक चल रहे मजाक के साथ कि बॉन्ड को एक मिशन पर दूर बुलाया गया था जैसे कि चीजें गर्म हो रही थीं।

3. मिस तारो बॉन्ड गर्ल मिस तारो अभिनेत्री: जेना मार्शल राष्ट्रीयता: अंग्रेजी बॉन्ड मूवी: डॉ. नो (1962) सार: मिस तारो एक जासूस थी जो खलनायक डॉ. नो के लिए काम कर रही थी। उसने खुद को किंग्स्टन, जमैका में सरकारी घर में नौकरी दी, ताकि वह डॉ. नो और क्रैब की द्वीप का विवरण देने वाली गुप्त फाइलों को चुरा सके। उसने बॉन्ड को रात के खाने के लिए अपने घर आमंत्रित किया, जहाँ उसने उसकी हत्या के लिए एक जाल बिछाया। हालांकि, बॉन्ड को कुछ गड़बड़ी की गंध आ रही थी और उसने अपने आदमियों को मिस तारो को गिरफ्तार करने के लिए कहा ताकि वह हत्यारे के लिए जाल बिछा सके।

4. तातियाना रोमानोवा बॉन्ड गर्ल तातियाना रोमानोवा अभिनेत्री: डेनिएला बिआंची राष्ट्रीयता: इतालवी बॉन्ड मूवी: फ्रॉम रशिया विद लव (1963) सार: तातियाना रोमानोवा ने इस्तांबुल में सोवियत दूतावास के लिए काम किया, और घातक रोजा क्लेब द्वारा जेम्स बॉन्ड को बहकाने के मिशन में मजबूर किया गया और (अनजाने में) उसे उसकी मौत तक ले गया। उसने बॉन्ड को एक लेक्टर डिकोडिंग मशीन चुराने में मदद की, और जोड़ी ओरिएंट एक्सप्रेस ट्रेन से भाग निकली। गुर्गे रेड ग्रांट द्वारा हत्या के असफल प्रयास के बाद, क्लेब ने व्यक्तिगत रूप से बॉन्ड को मारने की कोशिश की, लेकिन बॉन्ड के प्रति तातियाना की वफादारी जीत गई।

5. ज़ोरा बॉन्ड गर्ल ज़ोरा अभिनेत्री: मार्टीन बेसविक राष्ट्रीयता: अंग्रेजी बॉन्ड मूवी: फ्रॉम रशिया विद लव (1963) सार: इस्तांबुल में स्टेशन के प्रमुख, केरीम बे, बॉन्ड को एक जिप्सी शिविर में ले गए, जहाँ दो लड़कियों विदा और ज़ोरा को एक आदमी के लिए मौत से लड़ना था। ज़ोरा की भूमिका मार्टीन बेसविक ने निभाई थी, जो 3 साल बाद थंडरबॉल में एक और बॉन्ड गर्ल की भूमिका निभाने के लिए वापस आएगी।

6. विदा बॉन्ड गर्ल विदा अभिनेत्री: अलीज़ा गुर राष्ट्रीयता: इजरायल बॉन्ड मूवी: फ्रॉम रशिया विद लव (1963) सार: विदा और ज़ोरा एक तीव्र बिल्ली लड़ाई में लगे हुए थे, खरोंच, लड़ाई और एक दूसरे का गला घोंटने की कोशिश कर रहे थे। लड़ाई तब टूट गई जब एक हत्यारे ने केरीम बे को मारने की कोशिश करने के लिए शिविर पर हमला किया। बॉन्ड ने इस प्रक्रिया में शिविर के नेता की जान बचाई, जिसने बदले में लड़ाई खत्म करने के बॉन्ड के अनुरोध का सम्मान किया। अपने नेता को जीवित पाकर खुश, विदा और ज़ोरा ने बॉन्ड के साथ गर्मजोशी से पेश आया, जिसने शाम के लिए उनका मनोरंजन किया।

7. पुसी जालोर बंधन लड़की बिल्ली प्रचुर मात्रा में अभिनेत्री: ऑनर ब्लैकमैन राष्ट्रीयता: अंग्रेजी बॉन्ड मूवी: गोल्डफिंगर (1964) सार: उत्तेजक रूप से नामित पुसी गेलोर उपन्यास का एक मूल इयान फ्लेमिंग चरित्र था। सुश्री जालोर महिला पायलटों का एक फ्लाइंग सर्कस चलाती थीं, जिन्हें ऑरिक गोल्डफिंगर ने फोर्ट नॉक्स के ऊपर उड़ान भरने और सैनिकों को गैस देने के लिए काम पर रखा था, ताकि गोल्डफिंगर सोने की तिजोरी में घुस सके।

8. जिल मास्टर्सन बॉन्ड गर्ल जिल मास्टर्सन अभिनेत्री: शर्ली ईटन राष्ट्रीयता: अंग्रेजी बॉन्ड मूवी: गोल्डफिंगर (1964) सार: जिल मास्टर्सन कम कपड़े पहने लड़की थी, जो ऑरिक गोल्डफिंगर को कार्डों में धोखा देने में मदद करने के लिए दूरबीन और एक कान के टुकड़े का इस्तेमाल करती थी। बॉन्ड ने उसे खेल में पकड़ लिया, और साथ में उन्होंने गोल्डफिंगर को अपने पैसे खोने के लिए ब्लैकमेल किया। बॉन्ड के साथ डोम पेरिग्नन की कुछ बोतलों का आनंद लेने के बाद, मास्टर्सन को उसके विश्वासघात का बदला लेने के लिए गोल्डफिंगर के गुर्गे ओडजॉब द्वारा मार दिया गया। बॉन्ड जाग गया और उसे सोने के रंग में सिर से पांव तक ढका हुआ पाया।

9. टिली मास्टर्सन बॉन्ड गर्ल टिली मास्टर्सन अभिनेत्री: तानिया मैलेट राष्ट्रीयता: अंग्रेजी बॉन्ड मूवी: गोल्डफिंगर (1964) सार: टिली मास्टर्सन ने अपनी बहन जिल की मौत का बदला लेने के लिए ऑरिक गोल्डफिंगर की हत्या करने की कोशिश की। अपनी खराब निशानेबाजी के साथ, वह चूक गई और बॉन्ड को लगभग गोली मार दी, जिसने उसमें गहरी दिलचस्पी ली। बॉन्ड ने टिली को फिर से पकड़ लिया और गोल्डफिंगर को मारने के उसके एक और प्रयास को विफल कर दिया। इस प्रक्रिया में, गोल्डफिंगर के हिटमैन द्वारा दोनों का पीछा किया गया, और टिली को ओडजॉब की स्टील रिम वाली टोपी द्वारा मार दिया गया।

10. बोनिता बॉन्ड गर्ल बोनिता अभिनेत्री: नादजा रेगिन राष्ट्रीयता: सर्बियाई बॉन्ड मूवी: गोल्डफिंगर (1964) सार: गोल्डफिंगर के रोमांचक प्री-टाइटल सीक्वेंस में, बॉन्ड एक हेरोइन बैरन की साजिशों को विफल कर देता है और प्लास्टिक विस्फोटकों के साथ अपने संचालन को उड़ा देता है। जाने से पहले, बॉन्ड बोनिता के साथ नहाने के कुछ अधूरे काम को पूरा करता है। भ्रमण एक जाल बन जाता है, क्योंकि बोनिता बॉन्ड को बहकाती है ताकि एक गुर्गा उसे बेहोश कर सके।

वह बोनिता की आँखों में प्रतिबिंब बनाता है, और जब गुर्गा स्नान में बिजली का करंट लग जाता है तो उसके सिर पर चोट लग जाती है। "चौंकाने वाला। सकारात्मक रूप से चौंकाने वाला" बॉन्ड ने कमरे से बाहर निकलने से पहले टिप्पणी की।

11. डिंक बॉन्ड गर्ल डिंक अभिनेत्री: मार्गरेट नोलन राष्ट्रीयता: अंग्रेजी बॉन्ड मूवी: गोल्डफिंगर (1964) सार: मार्गरेट नोलन ने टाइटल सीक्वेंस में गोल्डन गर्ल की भूमिका निभाई और गोल्डफिंगर के पूर्व-रिलीज़ विज्ञापन में। हालांकि, निर्माता अंततः जिल मास्टर्सन की भूमिका निभाने के लिए शर्ली ईटन को चुनते हैं, और नोलन को पूल-साइड मालिश करने वाले डिंक की बहुत छोटी भूमिका दी गई थी। डिंक को बॉन्ड की मालिश करते हुए दिखाया गया है, लेकिन जब फेलिक्स लेटर किसी "आदमी की बात" के लिए आता है तो उसे छोड़ना पड़ता है।

12. डोमिनोज़ डेरवल बॉन्ड गर्ल डोमिनोज़ डेरवल अभिनेत्री: क्लॉडाइन ऑगर राष्ट्रीयता: फ्रेंच बॉन्ड मूवी: थंडरबॉल (1965) सार: डोमिनो डर्वल स्पेक्टर एजेंट एमिलियो लार्गो की मालकिन थी। बॉन्ड को पता चलता है कि लार्गो ने डोमिनोज़ के भाई को मार डाला था, और सोचता है कि वह उस तथ्य का उपयोग उसे अपने पक्ष में करने के लिए कर सकता है। वे पानी के भीतर मिलते हैं क्योंकि बॉन्ड डोमिनोज़ के फ्लिपर को कोरल से निकाल देता है, और बॉन्ड उसे लार्गो के खिलाफ साजिश करने के लिए मना लेता है।

13. पाउला कैपलन बॉन्ड गर्ल पाउला कैपलन अभिनेत्री: मार्टीन बेसविक राष्ट्रीयता: बॉन्ड मूवी: थंडरबॉल (1965) सार: पाउला कैपलन नासाउ में बॉन्ड की संपर्क थीं। वह मार्टीन बेसविक द्वारा निभाई गई थी, जिन्होंने पहले फ्रॉम रशिया विद लव में बॉन्ड गर्ल ज़ोरा की भूमिका निभाई थी। पाउला ने बॉन्ड को डोमिनोज़ डर्वाल से संपर्क बनाने में मदद की, लेकिन स्पेक्टर एजेंटों द्वारा पकड़े जाने के बाद, यातना से बचने के लिए साइनाइड की

गोली लेने के बाद उसका अंत हो गया।

14. फियोना वोल्पे बॉन्ड गर्ल फियोना वोल्पे अभिनेत्री: लुसियाना पलुज़ी राष्ट्रीयता: इतालवी बॉन्ड मूवी: थंडरबॉल (1965) सार: फियोना वोल्पे आर्कटाइपिकल बॉन्ड हेनचवुमन थी, जिसका काम पुरुषों को जाल में फंसाना था। वह बॉन्ड फिल्मों के कई गुर्गों की तुलना में सामंतवादी और अधिक सक्षम थी। बॉन्ड के साथ डांस करते हुए उनका अंत हुआ; एक गुर्गे ने बॉन्ड की पीठ में गोली मारने की कोशिश की, लेकिन वह तेजी से घूम गया और गोली ने फियोना को मार डाला।

15. पेट्रीसिया डर बॉन्ड गर्ल पेट्रीसिया डर रही है अभिनेत्री: मौली पीटर्स राष्ट्रीयता: अंग्रेजी बॉन्ड मूवी: थंडरबॉल (1965) सार: पेट्रीसिया फियरिंग श्रुबलैंड्स हेल्थ क्लिनिक में काम करने वाली एक नर्स थी, जहां बॉन्ड को कई मार्टिनियों से विषहरण करने के लिए भेजा गया था। स्पेक्टर एजेंट काउंट लिप्पे द्वारा लगभग मारे जाने के बाद, बॉन्ड ने पेट्रीसिया की सहानुभूति जीत ली, और दोनों ने स्टीम रूम और मिंक दस्ताने के साथ रात बिताई।

16. मैडमियोसेले ला पोर्टे बॉन्ड गर्ल मैडमियोसेले ला पोर्टे अभिनेत्री: मरीस गाय मित्सुको राष्ट्रीयता: फ्रेंच बॉन्ड मूवी: थंडरबॉल (1965) सार: मल्ले। ला पोर्टे, स्पेक्टर एजेंट जैक्स बाउवर के अंतिम संस्कार में शामिल होने के दौरान बॉन्ड के फ्रांसीसी संपर्क थे। वह बॉन्ड को बताती है कि बौवर की नींद में मृत्यु हो गई थी, और जब दोनों अंतिम संस्कार छोड़ते हैं तो वह "क्या कुछ और है जो हमारा फ्रांसीसी स्टेशन महाशय बॉन्ड के लिए कर सकता है?", जिसके लिए बॉन्ड जवाब देता है, "बाद में, शायद।"

17. किसी सुज़ुकी बॉन्ड गर्ल किसी सुज़ुकी अभिनेत्री: माई हमा राष्ट्रीयता: जापानी बॉन्ड मूवी: यू ओनली लिव ट्वाइस (1967) सार: किस्सी सुज़ुकी जापानी गुप्त सेवा, टाइगर तनाका के प्रमुख के लिए काम करने वाला एक निंजा था। उसने जेम्स बॉन्ड के साथ एक नकली शादी की थी, जिसने खुद को एक जापानी मछुआरे के रूप में छिपाने के लिए सर्जरी करवाई थी, ताकि यह जोड़ी बिना देखे ही एक शांत गांव का पता लगा सके।

18. अकी बॉन्ड गर्ल अकी अभिनेत्री: अकीको वाकाबयाशी राष्ट्रीयता: जापानी बॉन्ड मूवी: यू ओनली लिव ट्वाइस (1967) सार: अकी जापानी गुप्त सेवा का एक वरिष्ठ एजेंट था, जो सीधे उसके नेता टाइगर तनाका के अधीन काम करता था। वह आत्मविश्वासी और स्वतंत्र थी, और बॉन्ड को जाल के दरवाजे पर चलने के लिए बरगलाया, जिसने उसे तनाका के कार्यालय की ओर जाने वाली स्टील स्लाइड से नीचे गिरा दिया। उसने एक टोयोटा 2000GT चलाई और कई मौकों पर बॉन्ड की जान बचाई। फिल्म के बीच में, एक हत्यारे ने बॉन्ड को जहर देने की कोशिश की, लेकिन गलती से अकी को जहर दे दिया गया।

19.

लिंग बॉन्ड गर्ल लिंग अभिनेत्री: त्साई चिन राष्ट्रीयता: चीनी बॉन्ड मूवी: यू ओनली लिव ट्वाइस (1967) सार: फिल्म के शुरुआती दृश्यों में, बॉन्ड को लिंग के साथ बिस्तर पर दिखाया गया है, क्योंकि दोनों चर्चा करते हैं कि चीनी लड़कियों का स्वाद अन्य सभी

लड़कियों से अलग क्यों है। लिंग उठता है और एक बटन दबाता है जो बिस्तर को दीवार में ऊपर की ओर ले जाता है, और दो बंदूकधारी बॉन्ड को मारने के लिए कमरे में प्रवेश करते हैं। बाद में दर्शकों के सामने यह खुलासा हुआ कि बॉन्ड की मौत को मंचित करने में लिंग मदद कर रहा था ताकि उसके दुश्मनों को उसकी पीठ से दूर रखा जा सके।

20. हेल्गा ब्रांट बॉन्ड गर्ल हेल्गा ब्रांट अभिनेत्री: कैरिन डोर राष्ट्रीयता: जर्मन बॉन्ड मूवी: यू ओनली लिव ट्वाइस (1967) सार: हेल्गा ब्रांट एक स्पेक्टर गुर्गा थी जिसने बॉन्ड के साथ प्यार में पड़ने और उसके पक्ष में जाने का नाटक किया, केवल अगली सुबह उसे मारने की कोशिश करने के लिए। बॉन्ड को मारने में नाकाम रहने पर, ब्रांट को स्पेक्टर ब्लोफेल्ड के सिर द्वारा मार दिया जाता है, जो उसे पिरान्हा मछली के पूल में गिरा देता है। हेल्गा ब्रांट पहले की बॉन्ड गर्ल फियोना वोल्पे से काफी मिलती-जुलती थी, क्योंकि निर्माताओं ने उनकी पिछली सफलता को दोहराने की कोशिश की थी।

21. टेरेसा डी विसेंज़ो बॉन्ड गर्ल ट्रेसी डी विसेंज़ो अभिनेत्री: डायना रिग राष्ट्रीयता: अंग्रेजी बॉन्ड मूवी: ऑन हर मेजेस्टीज़ सीक्रेट सर्विस (1969) सार: कॉन्टेसा टेरेसा डी विसेंज़ो बॉन्ड के जीवन की सबसे महत्वपूर्ण लड़की थी, जो फिल्म के अंत तक श्रीमती ट्रेसी बॉन्ड बन गई। शुरू में परेशान और आत्मघाती, बॉन्ड ने ट्रेसी को बचाया, जो धीरे-धीरे उसके प्यार में पड़ गया। अपनी शादी में, बॉन्ड ने कसम खाई कि वे दुनिया में हर समय एक साथ रहेंगे। विडंबना के एक दुखद मोड़ में, अर्नस्ट स्टावरो ब्लोफेल्ड द्वारा ट्रेसी की हत्या कर दी गई क्योंकि इस जोड़ी को उनकी कार से फूलों को निकालने के लिए सड़क के किनारे रोक दिया गया था।

22. रूबी बार्टलेट बॉन्ड गर्ल रूबी बार्टलेट अभिनेत्री: एंजेला स्कोलर राष्ट्रीयता: अंग्रेजी बॉन्ड मूवी: ऑन हर मेजेस्टीज़ सीक्रेट सर्विस (1969) सार: रूबी बार्टलेट ब्लोफेल्ड के स्विस क्लिनिक में "मौत के दूत" में से एक थी। चिकन एलर्जी को ठीक करने के लिए उसे वहां लाया गया था, लेकिन वास्तव में देश भर में एक फसल वायरस फैलाने की साजिश के हिस्से के रूप में ब्लोफेल्ड द्वारा सम्मोहित किया जा रहा था। जब वह पहली बार सर हिलेरी ब्रे के वेश में बॉन्ड से मिलीं, तो उन्होंने सावधानी से उनकी जांघ पर लिपस्टिक में अपना कमरा नंबर लिखा, ताकि वह उस रात बाद में उनसे मिल सकें।

23. नैन्सी बॉन्ड गर्ल नैन्सी अभिनेत्री: कैथरीन शेल राष्ट्रीयता: हंगेरियन बॉन्ड मूवी: ऑन हर मेजेस्टीज़ सीक्रेट सर्विस (1969) सार: स्विस क्लिनिक में रूबी बार्टलेट के कमरे में घुसने के बाद, बॉन्ड अपने कमरे में लौट आया था। उसने अपने आप से आईने में कहा, "पहाड़ी, तुम बूढ़े शैतान", यह देखने से पहले कि एक अन्य रोगी, नैन्सी, उसके कमरे में घुस गया था। क्लिनिक में अकेला आदमी होने के कारण बॉन्ड ने कई लड़कियों को आकर्षित किया था।

24. टिफ़नी केस बॉन्ड गर्ल टिफ़नी केस अभिनेत्री: जिल सेंट जॉन राष्ट्रीयता: अमेरिकी बॉन्ड मूवी: डायमंड्स आर फॉरएवर (1971) सार: टिफ़नी केस तस्करों की एक पाइपलाइन

के हिस्से में एक हीरा तस्कर था जो अंततः अर्नस्ट स्टावरो ब्लोफेल्ड में समाप्त हो गया। कूरियर पीटर फ्रैंक्स को टिफ़नी को हीरे देने थे, लेकिन बॉन्ड ने फ्रैंक्स को रोका और प्रतिरूपित किया, और हीरे को अपने लिए ले जाने में कामयाब रहा। बॉन्ड की भागीदारी ने टिफ़नी की हत्या होने से बचा ली, और वह अंततः बॉन्ड की निष्ठा में बदल गई।

25. भरपूर ओ'टोल बॉन्ड गर्ल भरपूर ओ'टूल अभिनेत्री: लाना वुड राष्ट्रीयता: अमेरिकी बॉन्ड मूवी: डायमंड्स आर फॉरएवर (1971) सार: प्लेंटी ओ'टूल लास वेगास से सोने की खुदाई करने वाला था। उसने क्रेप्स टेबल पर एक आदमी को जुआ खेलने में मदद की, लेकिन जब उसने अपना सारा पैसा खो दिया, तो उसकी दिलचस्पी भी खत्म हो गई। वह जाने के लिए मुड़ी, लेकिन जेम्स बॉन्ड द्वारा चिप्स में 10,000 डॉलर मांगने की बात सुनकर वापस चली गई। उसने बॉन्ड को क्रेप्स खेलने में मदद की, और 50,000 डॉलर जीतने के बाद, वह बॉन्ड के सुइट में वापस चली गई। बॉन्ड गर्ल टिफनी केस वहां बॉन्ड का इंतजार कर रही थी और कुछ डकैतों ने प्लेंटी को खिड़की से नीचे पूल में फेंक दिया।

26. बांबी बॉन्ड गर्ल बांबी अभिनेत्री: लोला लारसन राष्ट्रीयता: अमेरिकी बॉन्ड मूवी: डायमंड्स आर फॉरएवर (1971) सार: बांबी और थम्पर दो जिम्नास्टिक अंगरक्षक थे जिन्होंने विलार्ड व्हाईट को उसके लास वेगास विला में बंदी बना रखा था। जब बॉन्ड व्हाईट को बचाने के लिए प्रवेश करता है, तो वह बांबी और थम्पर से मिलता है, जो अपना परिचय देते हैं, और फिर बारी-बारी से बॉन्ड पर कुछ चंचलता से हमला करते हैं।

27. पक्का झूठ बॉन्ड गर्ल थम्पर अभिनेत्री: ट्रिना पार्क्स राष्ट्रीयता: अमेरिकी बॉन्ड मूवी: डायमंड्स आर फॉरएवर (1971) सार: थम्पर और बांबी बॉन्ड पर हमला करते हैं, उसे लात मारते हैं और उसे दूर करने के लिए अपने मार्शल आर्ट कौशल का उपयोग करते हैं। बॉन्ड उलझन में था, दोनों लड़कियां भी उसके लिए फुर्तीली थीं। हालांकि, थम्पर और बांबी बॉन्ड को एक पूल में फेंक देते हैं, और वे अपना लाभ खो देते हैं, बॉन्ड अपने सिर को पानी के नीचे धकेलने का प्रबंध करता है जब तक कि वे अंदर नहीं जाते और प्रकट करते हैं कि विलार्ड व्हाईट को कहाँ रखा जा रहा है।

28. मैरी बॉन्ड गर्ल मैरी अभिनेत्री: डेनिस पेरियर राष्ट्रीयता: फ्रेंच बॉन्ड मूवी: डायमंड्स आर फॉरएवर (1971) सार: जैसा कि बॉन्ड ब्लोफेल्ड को अपनी पत्नी की मौत का बदला लेने के लिए खोजता है, निशान उसे टोक्यो से काहिरा तक ले जाता है, जहां वह ब्लोफेल्ड के ठिकाने के बारे में एक जुआरी से पूछताछ करता है। "मैरी... पूछो.. मैरी।" बॉन्ड मैरी को ढूंढता है, जो पूछती है "क्या ऐसा कुछ है जो मैं तुम्हारे लिए कर सकता हूं?" बॉन्ड जवाब देता है "ऐसा कुछ है जो मैं चाहता हूं कि आप अपनी छाती से उतरें", और फिर उसकी ब्रा को हटा देता है और उसके साथ उसका गला घोंटना शुरू कर देता है। उसे वह जानकारी मिलती है जो वह चाहता है और लीड का पीछा करता है।

29. त्यागी बॉन्ड गर्ल सॉलिटेयर अभिनेत्री: जेन सीमोर राष्ट्रीयता: अंग्रेजी बॉन्ड मूवी: लिव एंड लेट डाई (1973) सार: सॉलिटेयर एक मानसिक टैरो कार्ड रीडर था जो हेरोइन बैरन

डॉ. कनंगा के लिए काम कर रहा था। उसने जेम्स बॉन्ड और अन्य पुरुषों के आंदोलनों की भविष्यवाणी की, जिन्होंने उनके संचालन के लिए खतरा पैदा किया। सॉलिटेयर को कनंगा द्वारा व्यावहारिक रूप से कैद कर लिया गया था क्योंकि वह जानता था कि, उसकी माँ की तरह, अगर वह प्यार करती है तो वह अपना मानसिक उपहार खो देगी। जब पहली बार बॉन्ड से मुलाकात हुई, तो सॉलिटेयर ने अपने और बॉन्ड के भाग्य की भविष्यवाणी करते हुए, प्रेमी का कार्ड बनाया। दरअसल, सॉलिटेयर ने जल्द ही अपनी शक्तियां खो दीं, और कानंगा के क्रोध का निशाना बन गया।

30. रोजी कार्वर बॉन्ड गर्ल रोजी कार्वर अभिनेत्री: ग्लोरिया हेंड्री राष्ट्रीयता: अमेरिकी बॉन्ड मूवी: लिव एंड लेट डाई (1973) सार: रोजी कार्वर एक अयोग्य और अक्षम डबल एजेंट थी, जो सीआईए और हेरोइन बैरन डॉ. कनंगा के लिए काम कर रही थी।

श्रीमती बॉण्ड, और कहा कि वह उसे उस स्थान पर ले जाएगी जहां बैंस, एक अन्य एमआई 6 एजेंट मारा गया था। इलाके के पास पिकनिक मनाने के दौरान, बॉन्ड रोज़ी का सामना करता है, यह खुलासा करते हुए कि वह जानता है कि वह कनागा के लिए काम कर रही है। बॉन्ड उसे जान से मारने की धमकी देता है, और रोज़ी भाग जाती है, केवल कनागा के एक बिजूके में छिपी हुई बंदूक से मारी जाती है।

31. मिस कारुसो बॉन्ड गर्ल मिस कारुसो अभिनेत्री: मेडलिन स्मिथ राष्ट्रीयता: अंग्रेजी बॉन्ड मूवी: लिव एंड लेट डाई (1973) सार: मिस कारुसो इटालियन सीक्रेट सर्विस की एजेंट थीं। वह बॉन्ड के साथ उसके घर में सो रही थी, तभी सुबह 6 बजे से पहले दरवाजे की घंटी बजी। बॉन्ड ने एम को खोजने के लिए दरवाजे का जवाब दिया, जिसने एक जरूरी मिशन की घोषणा की। उन्होंने लापरवाही से यह भी उल्लेख किया कि इतालवी अपने लापता एजेंट मिस कारुसो के बारे में शिकायत कर रहे थे। हास्य से भरपूर एक दृश्य में, बॉन्ड लगातार एम का ध्यान भटकाता है ताकि वह कारुसो को खोजने से बच सके, मिस मनीपेनी की थोड़ी मदद से, जो एम के साथ थी।

32. मैरी शुभ रात्रि बॉन्ड गर्ल मैरी शुभ रात्रि अभिनेत्री: ब्रिट एकलैंड राष्ट्रीयता: स्वीडिश बॉन्ड मूवी: द मैन विथ द गोल्डन गन (1974) सार: मैरी गुडनाइट हांगकांग में बॉन्ड की सहायक थीं, और पहले लंदन में उनकी सचिव थीं। वह हिटमैन स्कारामंगा की प्रेमिका मिस एंडर्स का पता लगाने में बॉन्ड की मदद करती है। दोनों लगभग कई मौकों पर एक साथ रात बिताते हैं, और एक बिंदु पर गुडनाइट शर्मनाक ढंग से एक अलमारी में धकेल दिया जाता है जब मिस एंडर्स बॉन्ड को एक आश्चर्यजनक यात्रा का भुगतान करती हैं। शुभ रात्रि अंततः स्कारामंगा द्वारा अपहरण कर लिया जाता है, लेकिन बॉन्ड द्वारा उसे मारने के बाद, गुडनाइट बॉन्ड को उसके द्वीप से भागने में मदद करता है।

33. एंड्रिया एंडर्स बॉन्ड गर्ल एंड्रिया एंडर्स अभिनेत्री: मौड एडम्स राष्ट्रीयता: स्वीडिश बॉन्ड मूवी: द मैन विथ द गोल्डन गन (1974) सार: मिस एंडर्स $1 मिलियन डॉलर के हत्यारे, सुनहरी बंदूक वाले व्यक्ति, फ्रांसिस्को स्कारामंगा की प्रेमिका थी। उसने MI6 को

एक सुनहरी गोली भेजी जिसके किनारे पर 007 खुदा हुआ था, ताकि यह सोचा जाए कि स्कारामंगा की हिट लिस्ट में बॉन्ड था। मिस एंडर्स उम्मीद कर रही थीं कि बॉन्ड धमकी का जवाब देगा और स्कारामंगा को मार डालेगा, उसे अपने कब्जे से मुक्त कर देगा। हालाँकि, स्कारामंगा को उसके विश्वासघात का पता चला और उसने उसे दिल से गोली मार दी।

34. सईदा बॉन्ड गर्ल सईदा अभिनेत्री: कारमेन डु सौतोय राष्ट्रीयता: अंग्रेजी बॉन्ड मूवी: द मैन विथ द गोल्डन गन (1974) सार: सईदा एक लेबनानी बेली डांसर थी, और एजेंट 002, बिल फेयरबैंक्स की पूर्व प्रेमी थी। जब फेयरबैंक्स मृत पाया जाता है, तो बॉन्ड सईदा से मिलने जाता है यह पता लगाने के लिए कि क्या हुआ था। सईदा ने उल्लेख किया है कि उसने फेयरबैंक्स को मारने वाली गोली पाई और अब इसे लकी चार्म बेली बटन के रूप में इस्तेमाल करती है। बॉन्ड लापरवाही से गोली चुराने की कोशिश करता है, लेकिन क्लब बाउंसर की पीठ पर चोट लगने के बाद, वह गलती से उसे निगल जाता है।

35. च्यू मी बॉन्ड गर्ल च्यू मी अभिनेत्री: फ्रैंकोइस थेरी राष्ट्रीयता: फ्रेंच बॉन्ड मूवी: द मैन विथ द गोल्डन गन (1974) सार: च्यू मी बिजनेसमैन हाई फैट की मालकिन थी। हाई फैट का दौरा करते समय, बॉन्ड ने पहली बार उसे देखा जब वह महल के पूल में नग्न तैर रही थी। बॉन्ड ने पूछा कि पानी कैसा है, और च्यू मी ने जवाब दिया कि उसे अंदर आकर पता लगाना चाहिए। च्यू मी की केवल एक संक्षिप्त उपस्थिति थी, और बॉन्ड पूल में नहीं पहुंचा।

36. आन्या अमासोवा बॉन्ड गर्ल आन्या अमासोवा अभिनेत्री: बारबरा बाख राष्ट्रीयता: अमेरिकी बॉन्ड मूवी: द स्पाई हू लव्ड मी (1977) सार: अन्या अमासोवा, कोड नाम 'ट्रिपल एक्स', जनरल गोगोल के अधीन काम करने वाली एक केजीबी एजेंट थी। पनडुब्बी ट्रैकिंग सिस्टम के लिए चुराए गए माइक्रोफिल्म्स को पुनः प्राप्त करने के लिए बॉन्ड के रूप में उनका एक ही मिशन था। आधा सहयोग और आधा एक दूसरे के रास्ते में आने के बाद, बॉन्ड और अमासोवा मिस्र के मुख्यालय में अपने मालिकों से मिलते हैं, जो उन्हें बताते हैं कि एमआई 6 और केजीबी अब सहयोग कर रहे हैं, और दोनों को एक साथ काम करना चाहिए।

37. लॉग केबिन गर्ल बॉन्ड गर्ल लॉग केबिन गर्ल अभिनेत्री: सू वैनर राष्ट्रीयता: अंग्रेजी बॉन्ड मूवी: द स्पाई हू लव्ड मी (1977) सार: सू वैनर द्वारा अभिनीत लॉग केबिन गर्ल, एक केजीबी एजेंट और जेम्स बॉन्ड की प्रेमी थी। जबकि बॉन्ड और लड़की एक अलग लॉग केबिन के फर्श पर कुछ फर के नीचे घुसे हुए थे, एम ने बॉन्ड की कलाई घड़ी को एक संदेश भेजा कि उसे तुरंत मुख्यालय में जरूरत थी। जैसे ही बॉन्ड जाने के लिए उठा, लड़की ने कहा "लेकिन जेम्स, मुझे तुम्हारी ज़रूरत है", जिस पर बॉन्ड ने जवाब दिया "इंग्लैंड भी करता है।" उसके जाने के बाद, लड़की ने केजीबी के अनुचरों को रेडियो संदेश भेजा जिसे बॉन्ड ने जाने दिया था।

38. नाओमी बॉन्ड गर्ल नाओमी अभिनेत्री: कैरोलिन मुनरो राष्ट्रीयता: अंग्रेजी बॉन्ड मूवी: द स्पाई हू लव्ड मी (1977) सार: नाओमी कार्ल स्ट्रोमबर्ग के लिए एक सहायता थी, और बॉन्ड और आन्या अमासोवा को स्ट्रोमबर्ग के समुद्री गढ़, अटलांटिस तक ले गई। बॉन्ड

की बैठक समाप्त होने के बाद, स्ट्रोमबर्ग ने गुर्ग जॉज़ को दो जासूसों को मारने का निर्देश दिया। बॉन्ड और अमासोवा के साथ एक गहन पीछा क्रम में लोटस एस्प्रिट चलाते हुए, जबड़े ने एक कार से उन पर गोली चलाई, एक अन्य गुर्ग ने उन्हें एक साइडकार-मिसाइल से मारने की कोशिश की, और नाओमी ने उन्हें एक हेलीकॉप्टर से नीचे गिराने की कोशिश की। जैसे ही बॉन्ड ने सतह से हवा में मार करने वाली मिसाइल से उसके हेलीकॉप्टर को उड़ा दिया, उसका अंत हो गया।

39. फेलिका बॉन्ड गर्ल फेलिका अभिनेत्री: ओल्गा बिसेरा राष्ट्रीयता: बोस्नियाई बॉन्ड मूवी: द स्पाई हू लव्ड मी (1977) सार: फेलिका ने काले बाजार के डीलर अजीज फेकेश के लिए काम किया, जो एक पनडुब्बी ट्रैकिन के माइक्रोफिल्म बेच रहा था, फ़ेकेश ने फेलिका को निर्देश दिया कि वह बॉन्ड का मनोरंजन करे, क्या उसे गोल करना चाहिए, ताकि गुर्ग सांडोर उसे मार सकें। अपने संक्षिप्त समय में, फेलिका ने बॉन्ड को पसंद किया, और जब उसने सैंडोर को उसे गोली मारने के बारे में देखा, तो वह गोल हो गई और खुद को गोली मार ली।

40. होली गुडहेड बॉन्ड गर्ल होली गुडहेड अभिनेत्री: लोइस चाइल्स राष्ट्रीयता: अमेरिकी बॉन्ड मूवी: मूनरेकर (1979) सार: होली गुडहेड ह्यूगो ड्रेक्स संगठन के लिए एक अंतरिक्ष यात्री के रूप में अंडरकवर काम करने वाला एक सीआईए एजेंट था। बॉन्ड के साथ रात बिताने के बाद, दोनों रियो में सुगरालोफ़ पर्वत की चोटी पर मिले। केबल कार की सवारी के दौरान, जॉज़ ने उन्हें मारने की कोशिश की, और होली का कवर उड़ गया। बॉन्ड एक रॉकेट विस्फोट कक्ष में लगभग मारे जाने के बाद होली को बचाने में सफल रहा और होली को बचाया। वे एक साथ अंतरिक्ष में गए और ड्रेक्स के ग्लोब को मार गिराया जिसमें पृथ्वी पर मानव जाति को मारने के लिए घातक गैसें थीं।

41. कोरिने डुफोर बॉन्ड गर्ल कोरिने डुफोर अभिनेत्री: कोरिने क्लेरी राष्ट्रीयता: फ्रेंच बॉन्ड मूवी: मूनरेकर (1979) सार: Corinne Dufour ह्यूगो ड्रेक्स के निजी सहायक और पायलट थे। उसने बॉन्ड को ड्रेक्स की संपत्ति के ऊपर उड़ाया, उसे मूनरेकर कॉम्प्लेक्स का एक निर्देशित दौरा दिया और ड्रेक्स से मिलने के लिए उसे उड़ा दिया। बॉन्ड के साथ रात बिताने के बाद, कोरिन ने ड्रेक्स की तिजोरी के स्थान का खुलासा किया, जहां बॉन्ड ने गुप्त दस्तावेजों की तस्वीरें खींची थीं। ड्रेक्स ने इसकी खोज की, और कोरिने को ड्रेक्स के कुत्तों के शातिर पैक द्वारा मार दिया गया।

42. मैनुएला बॉन्ड गर्ल मैनुएला अभिनेत्री: एमिली बोल्टन राष्ट्रीयता: अरूबन बॉन्ड मूवी: मूनरेकर (1979) सार: मैनुएला स्टेशन VH के लिए काम करने वाला एक एजेंट था। रेओ में हवाई अड्डे से निकलने के बाद उसने बॉन्ड का पीछा किया, और जब तक वह अपने होटल में पहुंचा, तब तक वह अपने सुइट में मिनी बार में वोडका मार्टिनी बना रही थी। मैनुएला ने बॉन्ड को ह्यूगो ड्रेक्स के गोदामों में से एक को खोजने में मदद की, लेकिन वह एक बोझ साबित हुई क्योंकि वह हत्यारे जबड़े द्वारा लगभग मार दी गई थी।

43. निजी जेट परिचारिका बॉन्ड गर्ल होस्टेस अभिनेत्री: लीला शेनना राष्ट्रीयता: मोरक्कन बॉन्ड मूवी: मूनरेकर (1979) सार: जेम्स बॉन्ड एक निजी जेट पर सवार था, परिचारिका के साथ मिशन के अपने "आखिरी चरण" का आनंद ले रहा था। बॉन्ड ने कहा "मुझे नहीं लगता कि मैं कभी किसी और के साथ उड़ान भरने जा रहा हूं", जिस पर परिचारिका ने जवाब दिया "आप बहुत सही हैं, मिस्टर बॉन्ड" क्योंकि उसने उस पर बंदूक तान दी थी। बॉन्ड को तब बिना पैराशूट के विमान से बाहर फेंक दिया गया था, और मध्य हवा में एक अन्य आदमी को चुराने के लिए छोड़ दिया गया था। परिचारिका का भाग्य अज्ञात था।

44. मेलिना हैवलॉक बॉन्ड गर्ल मेलिना हैवलॉक अभिनेत्री: कैरोल गुलदस्ता राष्ट्रीयता: फ्रेंच बॉन्ड मूवी: फॉर योर आइज़ ओनली (1981) सार: मेलिना हैवलॉक दो समुद्री खोजकर्ताओं की बेटी थी, जिन्होंने ब्रिटिश सीक्रेट सर्विस के लिए बचाव का काम किया था। उसके माता-पिता की गुर्ग हेक्टर गोंजालेस द्वारा हत्या कर दिए जाने के बाद, मेलिना ने हिटमैन को ढूंढ लिया और उसे एक क्रॉसबो से मार डाला। वह और बॉन्ड दोनों उस आदमी को उजागर करने की कोशिश कर रहे थे जिसने हमलों का आदेश दिया था, और उन्होंने एक साथ अच्छी तरह से काम किया, आखिरकार उसे ढूंढ लिया।

45. बीबी डाहल बॉन्ड गर्ल बीबी डाहल अभिनेत्री: लिन-होली जॉनसन राष्ट्रीयता: अमेरिकी बॉन्ड मूवी: फॉर योर आइज़ ओनली (1981) सार: बीबी डाहल डबल एजेंट क्रिस्टाटोस द्वारा प्रायोजित एक युवा आइस स्केटर थी। बीबी बॉन्ड के प्रति बहुत आकर्षित थीं, हालांकि उन्होंने हर मौके पर उसकी कम उम्र के कारण उसे ठुकरा दिया। फिल्म के अंत तक, क्रिस्टाटोस की मौत हो गई, और बॉन्ड के सहयोगी कोलुम्बो उसका नया प्रायोजक बन गया।

46. काउंटेस लिस्ल वॉन श्लाफ बॉन्ड गर्ल काउंटेस लिस्ल वॉन श्लाफ अभिनेत्री: कैसंड्रा हैरिस राष्ट्रीयता: ऑस्ट्रेलियाई बॉन्ड मूवी: फॉर योर आइज़ ओनली (1981) सार: काउंटेस लिसल वॉन श्लाफ एक ग्रीक तस्कर मिलोस कोलुम्बो की मालकिन थी। कोलंबो ने लिस्ल को रात के खाने पर उसके साथ बहस करने के लिए कहा, ताकि वह बॉन्ड के साथ जाने का बहाना बना सके, ताकि उसके बारे में कुछ जानकारी मिल सके। लिस्ल और बॉन्ड ने एक साथ रात बिताई, और काफी अच्छी तरह से चले गए। वे अगली सुबह समुद्र तट पर टहलने गए, और लिस्ल को गुर्ग लोके ने बुरी तरह से मार डाला।

47. ऑक्टोपसी बॉन्ड गर्ल ऑक्टोपसी अभिनेत्री: मौड एडम्स राष्ट्रीयता: स्वीडिश बॉन्ड मूवी: ऑक्टोपसी (1983) सार: ऑक्टोपसी एक पूरी तरह से महिलाओं का तैरता हुआ द्वीप चलाती थी, जिसकी लड़कियाँ एक सर्कस के लिए कलाबाज़ थीं जो एक आभूषण तस्करी ऑपरेशन के लिए एक मोर्चा था। वह कमाल खान के साथ अपराध में भागीदार थी, जिसने अपने लिए आभूषण चुराए और ऑक्टोपसी को मारने की कोशिश की। ऑक्टोपसी ने बॉन्ड की जान बचाई और बॉन्ड ने उसे बचाकर कर्ज चुका दिया। खान को मारने के बाद, बॉन्ड

और ऑक्टोपुस्सी सूर्यास्त में चले जाते हैं, कलाबाज लड़कियों के साथ उनके लिए।

48. मैग्डा बॉन्ड गर्ल मैग्डा अभिनेत्री: क्रिस्टीना वेबॉर्न राष्ट्रीयता: स्वीडिश बॉन्ड मूवी: ऑक्टोपसी (1983) सार: मैग्डा ऑक्टोपसी की दाहिनी हाथ वाली महिला थी, और पूरी फिल्म में कई मौकों पर अपने तस्करी साथी कमाल खान की सहायता की। एक नीलामी में भाग लेने के बाद, जिसमें बॉन्ड ने फेबेगे का अंडा चुराया था, मैग्डा को बॉन्ड के साथ सोने के लिए भेज दिया गया ताकि वह उसे वापस चुरा सके। ऑक्टोपसी को पता चला कि खान ने उसे मारने की कोशिश की, लड़कियों के उसके पंथ, मगदा में शामिल थे, ने खान के महल में तूफान ला दिया।

49. बियांका बॉन्ड गर्ल बियांका अभिनेत्री: टीना हडसन राष्ट्रीयता: अंग्रेजी बॉन्ड मूवी: ऑक्टोपसी (1983) सार: बियांका एक MI6 एजेंट थी जो लैटिन अमेरिका में बॉन्ड की सहायता करती थी। उसने बॉन्ड को कर्नल टोरो के रूप में छिपाने में मदद की ताकि वह एक सैन्य अड्डे में घुसपैठ कर सके और क्यूबा के जासूसी विमान में विस्फोटक लगा सके। जब मिशन गड़बड़ा गया और बियांका ने देखा कि बॉन्ड को सेना की जीप में कैदी के रूप में ले जाया जा रहा है, तो वह हरकत में आ गई। वह जीप के साथ चल रही थी, और बॉन्ड के अपहरणकर्ताओं के साथ छेड़खानी की, उन्हें विचलित करने के लिए अपने पैर दिखाए, जबकि बॉन्ड ने उनके पैराशूट डोरियों को खींच लिया।

50. स्टेसी सटन बॉन्ड गर्ल स्टेसी सटन अभिनेत्री: तान्या रॉबर्ट्स राष्ट्रीयता: अमेरिकी बॉन्ड मूवी: ए व्यू टू ए किल (1985) सार: स्टेसी सटन को सटन ऑयल कंपनी विरासत में मिली, जिसे मेगालोमैनियाक मैक्स ज़ोरिन ने संभालने की कोशिश की। ज़ोरिन ने कंपनी में अपने शेयरों के लिए सटन को $5 मिलियन की पेशकश की, जिसे उसने अस्वीकार कर दिया। बॉन्ड को चेक के बारे में पता चला और उसने उसके घर पर उसका सामना किया। बॉन्ड पर शॉटगन की ओर इशारा करते हुए स्टेसी शुरू में आक्रामक थीं। हालांकि, जब ज़ोरिन के कुछ गुर्गे स्टेसी को बेचने के लिए राजी करने पहुंचे,

उन्हें बाहर निकाला और स्टेसी का विश्वास हासिल किया। जोड़ी अपने जीवन पर एक प्रयास से बच गई, और ज़ोरिन को मारने में सफल रही।

51. मई दिवस बॉन्ड गर्ल मई दिवस अभिनेत्री: ग्रेस जोन्स राष्ट्रीयता: जमैका बॉन्ड मूवी: ए व्यू टू ए किल (1985) सार: मे डे मैक्स ज़ोरिन की प्रेमिका थी, और उसके लिए एक हत्यारे के रूप में भी काम करती थी। मे डे ने बॉन्ड के चालक को मार डाला, और कई मौकों पर बॉन्ड को मारने की कोशिश की। फिल्म में बहुत बाद में, मे डे को एहसास हुआ कि ज़ोरिन ने उसे डबल क्रॉस कर दिया था, जिसने उसे एक विस्फोट में मरने के लिए छोड़ दिया था जिससे सिलिकॉन वैली में बाढ़ आ जाएगी। मई दिवस बम को हटाने के लिए बॉन्ड के साथ टीमों में शामिल हो गया और ऐसा करने में उसकी मृत्यु हो गई।

52. किम्बरली जोन्स बॉन्ड गर्ल किम्बरली जोन्स अभिनेत्री: मैरी स्टोविन राष्ट्रीयता: स्वीडिश बॉन्ड मूवी: ए व्यू टू ए किल (1985) सार: Kimberley जोन्स एक MI6 एजेंट

था जिसने साइबेरिया में बॉन्ड की सहायता की थी, हत्यारे एजेंट 003 से एक खोई हुई माइक्रोचिप को पुनर्प्राप्त करने के मिशन पर। बॉन्ड एक हेलीकॉप्टर और हिटमैन स्कीयर के गिरोह से बचने के लिए एक पहाड़ से नीचे उतर गया। जब वह नीचे गया, किम्बरली एक हिमखंड के रूप में प्रच्छन्न नाव में प्रतीक्षा कर रहा था। बॉन्ड ने कुछ बेलुगा कैवियार, वोदका की एक बोतल और माइक्रोचिप निकाली, यह उल्लेख करते हुए कि उन्हें अलास्का पहुंचने में पांच दिन लगेंगे।

53. पोला इवानोवा बॉन्ड गर्ल पोला इवानोवा अभिनेत्री: फियोना फुलर्टन राष्ट्रीयता: नाइजीरियाई बॉन्ड मूवी: ए व्यू टू ए किल (1985) सार: पोला इवानोवा एक केजीबी एजेंट थी जो जनरल गोगोल के लिए काम करती थी। उसने मैक्स ज़ोरिन के अभियोगात्मक साक्ष्य दर्ज किए, और उसका एक टेप लेकर फरार हो गई। बॉन्ड ने उसका पीछा किया, और एक संघर्ष जारी रहा, जब तक कि उन दोनों को यह एहसास नहीं हुआ कि वे एक दूसरे को एक पूर्व मिशन से जानते हैं। वे एक स्पा में गए और एक साथ हॉट टब में शाम बिताई। जब बॉन्ड स्नान कर रहा था, पोला ने टेप के साथ चुपके से देखा, केवल बाद में यह महसूस करने के लिए कि बॉन्ड ने इसे नकली के लिए बदल दिया था।

54. कारा मिलोवी बॉन्ड गर्ल कारा मिलोवी अभिनेत्री: मरियम डी अबो राष्ट्रीयता: डच बॉन्ड मूवी: द लिविंग डेलाइट्स (1987) सार: कारा मिलोवी शीत युद्ध में दोनों पक्षों की भूमिका निभाने वाले गद्दार जॉर्जी कोस्कोव की प्रेमिका थी। कोस्कोव ने पश्चिम को दोष देने का नाटक किया, और इसे और अधिक वास्तविक दिखने के लिए मिलोवी को खाली शूट करने के लिए मिला। वह जानता था कि बॉन्ड द्वारा उसकी हत्या कर दी जाएगी, जिसे कोस्कोव की रक्षा के लिए नियुक्त किया गया था। हालाँकि, बॉन्ड ने देखा कि वह एक पेशेवर नहीं थी, और उसने उसे नहीं मारा। जब कोस्कोव को एक गद्दार के रूप में खोजा गया, तो बॉन्ड मिलोवी से कोस्कोव के दोस्त के रूप में मिले। उसने उसका विश्वास हासिल किया और अपनी पहचान प्रकट की, अपने मिशन के लिए एक बहादुर सहयोगी प्राप्त किया।

55. लिंडा बॉन्ड गर्ल लिंडा अभिनेत्री: केल टायलर राष्ट्रीयता: अमेरिकी बॉन्ड मूवी: द लिविंग डेलाइट्स (1987) सार: फुरसत में रहने वाली लिंडा अपनी नाव पर सवार होकर अपने एक दोस्त से फोन पर शिकायत कर रही थी। "यह सब इतना उबाऊ है यहाँ मार्गो, प्लेबॉय और टेनिस पेशेवरों के अलावा कुछ भी नहीं है। उह, अगर केवल मुझे एक असली आदमी मिल जाए।" जिस बिंदु पर, बॉन्ड ने अपने छेददार और सुलगते पैराशूट को नौका पर उतारा, उसका फोन लटका दिया और व्यायाम नियंत्रण डायल किया। उन्होंने कहा कि वह एक घंटे में रिपोर्ट करेंगे, जब तक कि लिंडा ने शैम्पेन का गिलास नहीं उठाया, तब उन्होंने अपना विचार बदलकर 2 घंटे कर दिया।

56. पाम बौविएर बॉन्ड गर्ल पाम बौविएर अभिनेत्री: केरी लोवेल राष्ट्रीयता: अमेरिकी बॉन्ड मूवी: लाइसेंस टू किल (1989) सार: पैम बाउविए सीआईए के एक स्वतंत्र पायलट और ड्रग कारोबारी फ्रांज सांचेज के खिलाफ मुखबिर थे। बॉन्ड ने मुखबिरों की सूची में अपना

नाम अपनी अगली मुलाकात के समय और स्थान के साथ पाया। वह उससे एक बार में मिला और सांचेज़ के गुर्गे डारियो के आने के बाद उसके साथ भाग गया। इसके बाद पाम सांचेज़ को खोजने के लिए बॉन्ड से इस्तमुस सिटी के लिए उड़ान भरी, और एक आवरण के रूप में उसका कार्यकारी सचिव बन गया। 57. लुपे लमोरा बॉन्ड गर्ल लुपे लमोरा अभिनेत्री: तलिसा सोटो राष्ट्रीयता: अमेरिकी बॉन्ड मूवी: लाइसेंस टू किल (1989) सार: लुपे लमोरा ड्रग कारोबारी फ्रांज सांचेज की मालकिन थीं। ल्यूप अक्सर इधर-उधर सोता था, और सांचेज़ फ्लोरिडा में अपने एक प्रेमी से निपटने के लिए गया, इस प्रक्रिया में खुद को डीईए द्वारा गिरफ्तार किया गया। बॉन्ड लुपे से अनायास ही मिल गया जब वह उसकी नाव पर सवार किसी व्यक्ति को मारने की कोशिश कर रहा था। वे एक कैसीनो में फिर से मिले, और बॉन्ड ने ल्यूप को सांचेज़ से मिलने के लिए ऊपर ले जाने के लिए मजबूर किया। हालांकि ल्यूप एक प्रेम रुचि थी, बॉन्ड ने उसे फिल्म के अंत में पाम बाउविएर के साथ रहने के लिए छोड़ दिया।

58. नताल्या सिमोनोवा बॉन्ड गर्ल नताल्या सिमोनोवा अभिनेत्री: इजाबेला स्कॉर्पको राष्ट्रीयता: पोलिश-स्वीडिश बॉन्ड मूवी: गोल्डनआई (1995) सार: नताल्या सिमोनोवा एक रूसी अंतरिक्ष नियंत्रण केंद्र में बोरिस ग्रिशेंको के साथ काम करने वाली एक प्रोग्रामर थीं। ज़ेनिया ओनाटोप और जनरल आउरुमोव ने केंद्र में एक परीक्षण ड्रिल का मंचन किया, और लॉन्च कुंजी प्राप्त करने के बाद, ओनाटोप ने सभी को देखते हुए गोली मार दी। नताल्या भागने में सफल रही और उसने इंटरनेट पर बोरिस से संपर्क किया। दुर्भाग्य से, बोरिस ओनाटोप के साथ काम करने वाला एक गद्दार था, और नताल्या को पकड़ लिया गया था। बॉन्ड के साथ मृत्यु के निकट के अनुभव से बचने के बाद, दोनों की जोड़ी बन गई, और नताल्या के कंप्यूटर कौशल ने बॉन्ड को गद्दारों से उबरने में मदद की।

59. ज़ेनिया ओनाटोप बॉन्ड गर्ल ज़ेनिया ओनाटोप अभिनेत्री: Famke Janssen राष्ट्रीयता: डच बॉन्ड मूवी: गोल्डनआई (1995) सार: ज़ेनिया ओनाटोप एक गुर्गा थी जो गद्दार जनरल आउरुमोव के साथ काम कर रही थी। उसने एक टाइगर हेलीकाप्टर चुराया, इसके बाद उन्होंने ऑरुमोव को सेवरनाया अंतरिक्ष नियंत्रण केंद्र से गोल्डनआई उपग्रह हथियार के लिए कोड और लॉन्च कुंजी चुराने में मदद की। उसने कर्मचारियों को मार डाला और गोल्डनआई को इलेक्ट्रोमैग्नेटिक पल्स के साथ सुविधा को नष्ट करने के लिए प्रोग्राम किया जो टाइगर को प्रभावित नहीं करेगा। उसने बॉन्ड के साथ फ़्लर्ट किया और कई मौकों पर उसे मारने की कोशिश की, लेकिन बॉन्ड का अंत हो गया।

60. कैरोलिन बॉन्ड गर्ल कैरोलीन अभिनेत्री: सेरेना गॉर्डन राष्ट्रीयता: अंग्रेजी बॉन्ड मूवी: गोल्डनआई (1995) सार: कैरोलीन MI6 के लिए काम करने वाली एक मनोवैज्ञानिक मूल्यांकनकर्ता थीं। उसे बॉन्ड का मूल्यांकन करने के लिए एम द्वारा भेजा गया था, जो उसे अपने एस्टन मार्टिन डीबी5 में ड्राइव के लिए ले गया था। बॉन्ड ने बहुत तेजी से गाड़ी चलाई और ज़ेनिया ओनाटोप के साथ दौड़ में शामिल हो गया, जिससे कैरोलिन बहुत असहज हो

गई। बॉन्ड पर धीमा होने के लिए चिल्लाने के बाद, बॉन्ड अचानक रुक गया, और आर्मरेस्ट में छिपी बोलिंगर शैंपेन की एक बोतल के साथ कैरोलीन को बहकाया। दोनों "बहुत गहन मूल्यांकन" के साथ आगे बढ़ते हैं।

61. वाई लिन बॉन्ड गर्ल वाई लिन अभिनेत्री: मिशेल योह राष्ट्रीयता: मलेशियाई बॉन्ड मूवी: टुमॉरो नेवर डाइस (1997) सार: वाई लिन एक लाल चीनी एजेंट था, और मीडिया मैग्नेट इलियट कार्वर की जांच के लिए बॉन्ड के समान मिशन था। कार्वर पर दुखद घटनाओं को अंजाम देने का संदेह था ताकि वह उन पर विशेष कवरेज प्राप्त कर सके और अपनी रेटिंग बढ़ा सके। वाई लिन बुद्धिमान थी और उसने कई मौकों पर बॉन्ड की तुलना में अधिक चतुराई से काम किया। आखिरकार उन्होंने एक साथ मिलकर कार्वर के स्टील्थ जहाज पर धावा बोल दिया।

62. पेरिस कार्वर बॉन्ड गर्ल पेरिस कार्वर अभिनेत्री: तेरी हैचर राष्ट्रीयता: अमेरिकी बॉन्ड मूवी: टुमॉरो नेवर डाइस (1997) सार: पेरिस कार्वर बॉन्ड के पूर्व प्रेमी और मीडिया मुगल इलियट कार्वर की पत्नी थीं। जब इलियट पर एक आतंकवादी के रूप में संदेह हुआ, तो एम ने बॉन्ड को पेरिस को बहकाने और जानकारी प्राप्त करने के लिए अपने पूर्व संबंध का उपयोग करने के लिए भेजा। पेरिस बॉन्ड को देखकर खुश नहीं हुई और उसने उसकी मदद करने से इनकार कर दिया। हालाँकि, जब इलियट ने दोनों को बात करते हुए देखा और पेरिस को मारने की कोशिश की, तो उसने अपना विचार बदल दिया और बॉन्ड को सब कुछ बता दिया। उस शाम उसकी मृत्यु हो गई क्योंकि इलियट ने उसे मारने के लिए गुर्गे डॉ। कॉफमैन को भेजा।

63. प्रोफेसर इंगा बर्गस्ट्रॉम बॉन्ड गर्ल इंगा बर्गस्ट्रॉम अभिनेत्री: सेसिली थॉमसन राष्ट्रीयता: डेनिश बॉन्ड मूवी: टुमॉरो नेवर डाइस (1997) सार: इंगा बर्गस्ट्रॉम ऑक्सफोर्ड यूनिवर्सिटी में डेनिश की प्रोफेसर थीं। बॉन्ड ने डेनिश भाषा में कहा, "प्रोफेसर, मुझे हमेशा एक नई भाषा सीखने में मजा आता है।", जिस पर बर्गस्ट्रॉम ने उत्तर दिया "कोई कह सकता है कि आपके पास एक प्राकृतिक क्षमता है।" तभी, कैमरे ने बॉन्ड और बर्गस्ट्रॉम को एक साथ बिस्तर पर दिखाने के लिए पैन किया। फोन की घंटी बजी, और यह पता चलने पर कि यह मोनीपेनी है, बॉन्ड ने उत्तर दिया कि वह बस एक छोटे से दानिश पर ब्रश कर रहा था।

64. डॉ क्रिसमस जोन्स बॉन्ड गर्ल डॉ क्रिसमस जोन्स अभिनेत्री: डेनिस रिचर्ड्स राष्ट्रीयता: अमेरिकी बॉन्ड मूवी: द वर्ल्ड इज नॉट इनफ (1999) सार: क्रिसमस जोन्स एक अंतरराष्ट्रीय एजेंसी के लिए काम करने वाला एक परमाणु भौतिक विज्ञानी था जिसने सोवियत संघ के युग से परमाणु हथियारों का विमोचन किया था। बॉन्ड ने एक विस्फोट से बचने में उसकी मदद करने के बाद, जोन्स ने बॉन्ड को एलेक्ट्रा किंग की तेल पाइपलाइन के साथ यात्रा करने वाले एक बम की जांच करने में मदद की। उसे पता चला कि आधा प्लूटोनियम गायब था, जिससे बॉन्ड को समय रहते किंग के इरादों को जानने में मदद मिली। फिल्म के अंत में दोनों टर्की में एक साथ क्रिसमस बिताते हैं।

65. एलेक्ट्रा किंग बॉन्ड गर्ल इलेक्ट्रा किंग अभिनेत्री: सोफी मार्सेउ राष्ट्रीयता: फ्रेंच बॉन्ड मूवी: द वर्ल्ड इज़ नॉट इनफ (1999) सार: एलेक्ट्रा किंग एक धनी तेल व्यापारी सर रॉबर्ट किंग की बेटी थी। जब इलेक्ट्रा का खलनायक रेनार्ड द्वारा अपहरण कर लिया गया, तो एम ने सर रॉबर्ट को फिरौती न देने के लिए राजी किया। एलेक्ट्रा ने इस वजह से स्टॉकहोम सिंड्रोम विकसित किया, रेनार्ड के लिए सहानुभूति महसूस की और अपने पिता से नाराज हो गई। उसने अपने पिता को मार डाला और परमाणु विस्फोट में इस्तांबुल को नष्ट करने की योजना बनाई ताकि उसकी विरासत वाली तेल पाइपलाइन का एकाधिकार हो।

66. डॉ मौली वार्मफ्लैश बॉन्ड गर्ल मौली वार्मफ्लैश अभिनेत्री: सेरेना स्कॉट थॉमस राष्ट्रीयता: अंग्रेजी बॉन्ड मूवी: द वर्ल्ड इज़ नॉट इनफ (1999) सार: मौली वार्मफ्लैश MI6 में मुख्य चिकित्सा अधिकारी थीं। एक विस्फोट के बाद उसके कॉलर बोन के खिसकने के बाद बॉन्ड को ड्यूटी पर जाने के लिए उसके पास जाना पड़ा। हालांकि तकनीकी रूप से फिट नहीं होने पर, बॉन्ड ने मौली को बहकाया, जो इस बार जब तक वह उसे बुलाती थी, तब तक वह उसे साफ करने के लिए तैयार हो गई। मोनीपेनी ने उस रिपोर्ट को पढ़ा, जिसमें उल्लेख किया गया था कि बॉन्ड में "असाधारण सहनशक्ति" थी।

67. मनहूस बॉन्ड गर्ल जिंक्स अभिनेत्री: हाले बेरी राष्ट्रीयता: अमेरिकी बॉन्ड मूवी: डाई अनदर डे (2002) सार: चूंकि डाई अनदर डे 20वीं बॉन्ड फिल्म थी, और श्रृंखला की 40वीं वर्षगांठ के रूप में चिह्नित की गई थी, जिंक्स को हनी राइडर की शैली में पेश किया गया था, जो बिकनी में समुद्र से बाहर निकल रही थी, जिसमें उसकी तरफ एक शिकार चाकू जुड़ा हुआ था। जिंक्स एनएसए के लिए काम करता था और उसे ज़ाओ को मारने का काम सौंपा गया था।

68. मिरांडा फ्रॉस्ट बॉन्ड गर्ल मिरांडा फ्रॉस्ट अभिनेत्री: रोसमंड पाइक राष्ट्रीयता: अंग्रेजी बॉन्ड मूवी: डाई अनदर डे (2002) सार: मिरांडा फ्रॉस्ट गुस्ताव ग्रेव्स की जांच के लिए नियुक्त एक एमआई 6 एजेंट था। एक ओलंपिक फ़ेंसिंग चैंपियन, फ्रॉस्ट ने ग्रेव्स के प्रचारक और फ़ेंसिंग पार्टनर के रूप में काम किया। बॉन्ड ने पाया कि मिरांडा ग्रेव्स के लिए काम करने वाला एक डबल एजेंट था, जिसने ओलंपिक में मिरांडा की प्रतियोगिता को खत्म कर दिया था ताकि वह स्वर्ण जीत सके।

69. इच्छा के शांतिपूर्ण फव्वारे बॉन्ड गर्ल पीसफुल फाउंटेन ऑफ डिजायर अभिनेत्री: राहेल ग्रांट राष्ट्रीयता: फिलिपिनो बॉन्ड मूवी: डाई अनदर डे (2002) सार: इच्छा के शांतिपूर्ण फव्वारे हांगकांग यॉट क्लब होटल के श्री चांग के लिए काम करने वाले एक मालिश करने वाले थे। बॉन्ड पहुंचे और प्रेसिडेंशियल सुइट लिया, और जल्द ही दरवाजे पर मानार्थ मालिश करने वाली दस्तक से हैरान थे। यह जानकर कि मिस्टर चांग चाइनीज इंटेलिजेंस के साथ हैं, बॉन्ड ने लड़की की टांगों को महसूस किया और उसकी बंदूक ले ली। उसने श्री चांग को उसकी जासूसी करने के लिए पास के एक दर्पण को तोड़ दिया, और लड़की को जानकारी खोजने के बजाय सीधे चांग से बात की।

70. वेस्पर लिंड बॉन्ड गर्ल वेस्पर लिंड अभिनेत्री: ईवा ग्रीन राष्ट्रीयता: फ्रेंच बॉन्ड मूवी: कैसीनो रोयाले (2006) सार: वेस्पर लिंड ने महामहिम के ट्रेजरी के लिए काम किया, और बॉन्ड को खलनायक ले शिफ्रे के साथ उनके पोकर गेम के लिए उधार दी गई धनराशि का प्रबंधन करने के लिए नियुक्त किया गया था।

ई बॉन्ड और स्टीवन ओबैनो के बीच एक भयानक लड़ाई में फंस गया, जो ओबैनो की खूनी मौत में समाप्त हुई। बॉन्ड ने वेस्पर को कांपते हुए और पूरी तरह से कपड़े पहने शॉवर में बैठा पाया, खून को धोने की कोशिश कर रहा था। उसने उसे दिलासा दिया और दोनों बंध गए। जब बॉन्ड को ले चिफ्रे द्वारा जहर दिया गया, तो वेस्पर बॉन्ड की सहायता के लिए आया और उसकी जान बचाई। बाद में फिल्म में, इस जोड़ी को पकड़ लिया गया, और वेस्पर ने घटनाओं की एक श्रृंखला में बॉन्ड के जीवन को बख्श दिया, जिसके कारण उसका खुद का अंत हो गया।

71. सोलेंज दिमित्रियोस बॉन्ड गर्ल सोलेंज दिमित्रियोस अभिनेत्री: कैथरीना मुरीनो राष्ट्रीयता: इतालवी बॉन्ड मूवी: कैसीनो रोयाले (2006) सार: Solange Dimitrios Le Chiffre के लिए काम करने वाले खलनायक एलेक्स Dimitrios की पत्नी थी। वह एक पोकर टेबल पर एलेक्स के साथ शामिल हुई, लेकिन कई घंटे देर से आने के कारण खारिज कर दी गई, और इसके बजाय बार में ऊब गई। शाम के अंत में, उसके पति की एस्टन मार्टिन DB5 सेवक द्वारा लाई गई, और वह अंदर जाने के लिए चली गई। हालांकि, बॉन्ड ने उनके पोकर गेम में कार जीत ली थी, और उसने अपने आकर्षण का इस्तेमाल करते हुए उसे वापस अपने स्थान पर जाने के लिए लुभाया। कुछ पीने के लिये।

72. केमिली मॉंटेस बॉन्ड गर्ल केमिली मॉंटेस अभिनेत्री: ओल्गा कुरलेंको राष्ट्रीयता: फ्रेंच बॉन्ड मूवी: क्वांटम ऑफ सोलेस (2008) सार: केमिली मॉंटेस एक बोलिवियन एजेंट था जिसके परिवार की जनरल मेड्रानो ने हत्या कर दी थी। वह बदला लेने के लिए मेड्रानो के काफी करीब आने की कोशिश करने के लिए मेड्रानो के व्यापारिक परिचित डोमिनिक ग्रीन के साथ सोया था। योजना विफल हो गई और वह लगभग मार दी गई, इसलिए केमिली ने मेड्रानो और ग्रीन को मारने के लिए बॉन्ड के साथ मिलकर काम किया।

73. स्ट्रॉबेरी फील्ड्स बॉन्ड गर्ल स्ट्रॉबेरी फील्ड्स अभिनेत्री: जेम्मा आर्टर्टन राष्ट्रीयता: अंग्रेजी बॉन्ड मूवी: क्वांटम ऑफ सोलेस (2008) सार: स्ट्राबेरी फील्ड्स ब्रिटिश वाणिज्य दूतावास में बोलीविया में एक एमआई 6 कार्यालय कार्यकर्ता था। उसे यह सुनिश्चित करने का काम सौंपा गया था कि जेम्स बॉन्ड घर वापस आ जाए, लेकिन वह अंततः असफल रही। उसने बॉन्ड के साथ रात बिताई और उसके साथ डोमिनिक ग्रीन के अनुदान संचय में चली गई, जिससे ग्रीन के एक गुर्गे को फंसाकर भागने में मदद मिली। गोल्डफिंगर से जिल मास्टर्सन की वापसी में, ग्रीन ने बॉन्ड के बिस्तर पर उसे मृत छोड़ कर अपना बदला लिया, सिर से पैर तक तेल में ढंका हुआ था।

74. सेवेरिन बॉन्ड गर्ल सेवरिन अभिनेत्री: बेरेनिस मारलोहे राष्ट्रीयता: फ्रेंच बॉन्ड मूवी: स्काईफॉल (2012) सार: सेवरिन राउल सिल्वा की एक बंदी थी, जिसने उसे कम उम्र में मकाऊ सेक्स व्यापार से बाहर कर दिया था। बॉन्ड एक कैसीनो में सेवरिन से मिला और उसे विश्वास दिलाया कि वह सिल्वा को मार सकता है और अगर उसने उसकी मदद की तो वह उसे मुक्त कर सकता है। अपने अंगरक्षकों को मारने के बाद, बॉन्ड कैसीनो से भागने में सफल रहा और सेवरिन के साथ सिल्वा के निजी द्वीप की यात्रा की। जोड़ी पकड़ी गई, और उसके विश्वासघात के लिए, सिल्वा ने सेवरिन के सिर पर स्कॉच का एक गिलास रखा और बॉन्ड को इसे शूट करने के लिए कहा। बॉन्ड जानबूझकर चूक गया, लेकिन सिल्वा ने वैसे भी उसके सिर में गोली मार दी, जिससे उसकी मौत हो गई और स्कॉच बंद हो गया। बॉन्ड ने ठंडेपन से टिप्पणी की कि यह अच्छी स्कॉच की बर्बादी थी।

75. बॉन्ड का प्रेमी बॉन्ड का प्रेमी अभिनेत्री: टोनिया सोतिरोपोलोउ राष्ट्रीयता: ग्रीक बॉन्ड मूवी: स्काईफॉल (2012) सार: टोनिया सोटिरोपोलो को केवल "बॉन्ड के प्रेमी" के रूप में श्रेय दिया गया था, और एक संक्षिप्त दृश्य में बॉन्ड के साथ कोई संवाद या बातचीत नहीं दिखाई दी। उन्होंने प्यार किया, और फिर उन्हें बिस्तर पर लेटा हुआ दिखाया गया, बॉन्ड बीयर पी रहा था। इस सूची में वह अकेली लड़की है जिसकी बोलने की भूमिका नहीं थी, और शायद सभी बॉन्ड लड़कियों में सबसे कम यादगार है।

सीन कॉनरी: 1962-1967 जेम्स बॉन्ड की सिनेमाई शुरुआत 1962 में रिलीज़ हुई उक्त डॉक्टर नो में हुई थी! डॉ. नो 1985 में इसी नाम के उपन्यास का रूपांतरण था और इसमें महान शॉन कॉनरी को पहले जेम्स बॉन्ड के रूप में शामिल किया गया था! फिल्म में, जेम्स बॉन्ड को एक साथी ब्रिटिश एजेंट के लापता होने की जांच करने के लिए जमैका भेजा जाता है। निशान उसे डॉ। नो के भूमिगत आधार की ओर ले जाता है, जो केप कैनावेरल से एक रेडियो बीम हथियार के साथ एक शुरुआती अमेरिकी अंतरिक्ष प्रक्षेपण को बाधित करने की साजिश रच रहा है। हालांकि यह बॉन्ड किताबों में पहली फिल्म थी, लेकिन यह श्रृंखला की छठी किताब थी। सीन कॉनरी एक स्कॉटिश एमेच्योर बॉडीबिल्डर थे, जिनका इयान फ्लेमिंग वास्तव में विरोध करते थे। फ्लेमिंग का मानना था कि कॉनरी एक अधेड़ उम्र का स्टंटमैन है, जिसमें जेम्स बॉन्ड की भूमिका निभाने की चतुराई और शिष्टता का अभाव है। सीन कॉनरी हर किसी को गलत साबित करने में सक्षम थे और उन्हें अक्सर शांत और संयमित, लेकिन हिंसक और अहंकारी भी बताया जाता था। सीन कॉनरी के लिए जेम्स बॉन्ड का एक महत्वपूर्ण पहलू उनका हास्य था। कॉनरी का मानना था कि फ्लेमिंग द्वारा लिखे गए चरित्र के साहित्यिक संस्करण में एक दोष यह था कि चरित्र के आसपास कोई हास्य नहीं था। कॉनरी ने यह सुनिश्चित किया कि मज़ाकिया हास्य के क्षण होंगे जो दर्शकों को बांधे रखेंगे और उन्हें मुस्कुराने का कारण देंगे। कॉनरी 4 और फिल्मों - फ्रॉम रशिया विद लव, गोल्डफिंगर, थंडरबॉल और यू ओनली लिव ट्वाइस के लिए जेम्स बॉन्ड के रूप में अपनी भूमिका को फिर से निभाएंगे। छह वर्षों में पांच जेम्स बॉन्ड फिल्मों के बाद, कॉनरी ने 1967 की यू ओनली लिव ट्वाइस में भूमिका छोड़ दी, जिसे 1964 में इसी नाम के उपन्यास द्वारा रूपांतरित किया गया था। कॉनरी ने कहा कि भूमिका से उनके जाने का कारण था "यह एक भयानक दबाव बन गया, जैसे कि एक सुनहरी मछली के कटोरे में रहना ... यही कारण था कि मैं बॉन्ड के साथ समाप्त होना चाहता था। इसके अलावा, मैं इसके साथ पूरी तरह से पहचान बना चुका था, और यह बहुत घिसा-पिटा और बहुत उबाऊ हो गया था।

डेविड निवेन: 1967 उसी वर्ष शॉन कॉनरी उस भूमिका से अलग हो गए जिसमें हमारे सामने एक असामान्य स्थिति आई थी। वह "कैसीनो रोयाले" नामक एक और जेम्स बॉन्ड फिल्म की रिलीज थी, जो इयान फ्लेमिंग्स के मूल जेम्स बॉन्ड उपन्यास पर आधारित थी।

जो बात इस फिल्म को जेम्स बॉन्ड फिल्म श्रृंखला में दूसरों से अलग करती है, वह यह है कि यह वास्तव में कैनन फ्रैंचाइज़ का हिस्सा नहीं है। यह फिल्म EON स्टूडियोज द्वारा नहीं बनाई गई थी - एक ब्रिटिश फिल्म निर्माण कंपनी जो मुख्य रूप से जेम्स बॉन्ड फिल्म श्रृंखला का निर्माण करती है। कैसीनो रोयाले 13 अप्रैल 1967 को जारी किया गया था, जो इयॉन की पांचवीं बॉन्ड फिल्म, यू ओनली लिव ट्वाइस से दो महीने पहले था। डेविड निवेन को जेम्स बॉन्ड के रूप में कास्ट किया गया था, जो सीन कॉनरी को कास्ट करने से पहले ईओएन फिल्मों में बॉन्ड की भूमिका निभाने के लिए इयान फ्लेमिंग्स की मूल पसंद थे। इस फिल्म में एक बुजुर्ग जेम्स बॉन्ड को अंतरराष्ट्रीय जासूसों की मौतों और गायब होने की जांच के लिए सेवानिवृत्ति से बाहर कर दिया गया था, वह जल्द ही रहस्यमय डॉ। नूह और SMERSH से लड़ता है। कैसीनो रोयाले में प्रदर्शन करते समय डेविड निवेन 56 वर्ष के थे। फिल्म एक वित्तीय सफलता थी, संगीत स्कोर की प्रशंसा की गई, संगीतकार को ऑस्कर नामांकन मिला, लेकिन कैसीनो रोयाल के लिए आलोचनात्मक प्रतिक्रिया, हालांकि, आम तौर पर नकारात्मक थी। निवेन और कॉनरी के जेम्स बॉन्डिस के बीच कुछ ध्यान देने योग्य अंतर थे। निवेन का बॉन्ड एक बुजुर्ग व्यक्ति और पिता था, जो अब अपनी सेवानिवृत्ति के बाद 00 शीर्षक नहीं रखता था और यह संकेत दिया जाता है कि शॉन कॉनरी ने किंवदंती को जारी रखने के लिए बस बॉन्ड का नाम और 007 का खिताब लिया था। निवेन के चरित्र ने कॉनरी के पसंदीदा एस्टन मार्टिन के बजाय एक विंटेज बेंटले को भी चलाया। जॉर्ज लेज़ेनबाई: 1969 सीन कॉनरी के जाने के बाद फिल्मों की मुख्य श्रृंखला में वापसी करते हुए, जॉर्ज लेज़ेनबी को "ऑन हर मेजेस्टीज़ सीक्रेट सर्विस" के लिए जेम्स बॉन्ड की भूमिका में लिया गया। यह 1969 में जारी किया गया था और इसी नाम के 1963 के उपन्यास को रूपांतरित किया गया था। जॉर्ज लेज़ेनबाई एक मॉडल थे जिन्हें अभिनय का कोई पूर्व अनुभव नहीं था। लेज़ेनबाई ने कभी भी एक अनुबंध पर हस्ताक्षर नहीं किया, उत्पादन के दौरान बातचीत में देरी हुई, और 70 के दशक की सामाजिक जागरूकता के दौरान जासूस की भूमिका निभाने के बारे में अपने एजेंट के साथ चर्चा के बाद उन्होंने 1969 में ऑन हिज़ मेजेस्टीज़ सीक्रेट सर्विस की रिलीज़ से पहले ही एजेंट 007 की भूमिका छोड़ दी। फिल्म जेम्स बॉन्ड का अनुसरण करती है, जो ब्लोफेल्ड के खिलाफ लड़ाई लड़ता है, जो "मौत के दूतों" के एक समूह के कार्यों के माध्यम से सभी खाद्य पौधों और पशुओं को बांझ करने की धमकी देकर दुनिया को फिरौती देने की योजना बना रहा है। जिस तरह से बॉन्ड मिलते हैं, उसके साथ प्यार हो जाता है, और अंततः कॉन्टेसा टेरेसा डि विसेंज़ो से शादी कर लेता है।

लेज़ेनबी के बारे में आलोचनात्मक राय विभाजित थी; उन्हें सबसे खराब बॉन्ड माना जाता है और अक्सर कॉनरी के प्रशंसकों द्वारा उनका मज़ाक उड़ाया जाता था। कई लोगों ने उनके प्रदर्शन को नीरस और अनाकर्षक के रूप में वर्णित किया, हालांकि बॉन्ड के रूप में उनके प्रदर्शन के लिए, लेज़ेनबी को फरवरी 1970 में अगले वर्ष के 27 वें गोल्डन ग्लोब अवाइर्स में न्यू स्टार ऑफ द ईयर - अभिनेता के लिए गोल्डन ग्लोब अवार्ड के लिए

नामांकित किया गया था। सीन कॉनरी: 1971 जॉर्ज लेज़ेनबी के विलक्षण प्रदर्शन के बाद, सीन कॉनरी को 1971 में एक बार फिर से भूमिका निभाने के लिए संपर्क किया गया था, जो उसी नाम के 1956 के उपन्यास पर आधारित थी। सीन कॉनरी: 1962-1967 जेम्स बॉन्ड की सिनेमाई शुरुआत 1962 में रिलीज़ हुई उक्त डॉक्टर नो में हुई थी! डॉ. नो 1985 में इसी नाम के उपन्यास का रूपांतरण था और इसमें महान शॉन कॉनरी को पहले जेम्स बॉन्ड के रूप में शामिल किया गया था! फिल्म में, जेम्स बॉन्ड को एक साथी ब्रिटिश एजेंट के लापता होने की जांच करने के लिए जमैका भेजा जाता है। निशान उसे डॉ। नो के भूमिगत आधार की ओर ले जाता है, जो केप कैनावेरल से एक रेडियो बीम हथियार के साथ एक शुरुआती अमेरिकी अंतरिक्ष प्रक्षेपण को बाधित करने की साजिश रच रहा है। हालांकि यह बॉन्ड किताबों में पहली फिल्म थी, लेकिन यह श्रृंखला की छठी किताब थी। सीन कॉनरी एक स्कॉटिश एमेच्योर बॉडीबिल्डर थे, जिनका इयान फ्लेमिंग वास्तव में विरोध करते थे। फ्लेमिंग का मानना था कि कॉनरी एक अधेड़ उम्र का स्टंटमैन है, जिसमें जेम्स बॉन्ड की भूमिका निभाने की चतुराई और शिष्टता का अभाव है। सीन कॉनरी हर किसी को गलत साबित करने में सक्षम थे और उन्हें अक्सर शांत और संयमित, लेकिन हिंसक और अहंकारी भी बताया जाता था। सीन कॉनरी के लिए जेम्स बॉन्ड का एक महत्वपूर्ण पहलू उनका हास्य था। कॉनरी का मानना था कि फ्लेमिंग द्वारा लिखे गए चरित्र के साहित्यिक संस्करण में एक दोष यह था कि चरित्र के आसपास कोई हास्य नहीं था। कॉनरी ने यह सुनिश्चित किया कि मज़ाकिया हास्य के क्षण होंगे जो दर्शकों को बांधे रखेंगे और उन्हें मुस्कुराने का कारण देंगे।

कॉनरी 4 और फिल्मों - फ्रॉम रशिया विद लव, गोल्डफिंगर, थंडरबॉल और यू ओनली लिव ट्वाइस के लिए जेम्स बॉन्ड के रूप में अपनी भूमिका को फिर से निभाएंगे। छह वर्षों में पांच जेम्स बॉन्ड फिल्मों के बाद, कॉनरी ने 1967 की यू ओनली लिव ट्वाइस में भूमिका छोड़ दी, जिसे 1964 में इसी नाम के उपन्यास द्वारा रूपांतरित किया गया था। कॉनरी ने कहा कि भूमिका से उनके जाने का कारण था "यह एक भयानक दबाव बन गया, जैसे कि एक सुनहरी मछली के कटोरे में रहना ... यही कारण था कि मैं बॉन्ड के साथ समाप्त होना चाहता था। इसके अलावा, मैं इसके साथ पूरी तरह से पहचान बना चुका था, और यह बहुत घिसा-पिटा और बहुत उबाऊ हो गया था। डेविड निवेन: 1967 उसी वर्ष शॉन कॉनरी उस भूमिका से अलग हो गए जिसमें हमारे सामने एक असामान्य स्थिति आई थी। वह "कैसीनो रोयाले" नामक एक और जेम्स बॉन्ड फिल्म की रिलीज थी, जो इयान फ्लेमिंग्स के मूल जेम्स बॉन्ड उपन्यास पर आधारित थी। जो बात इस फिल्म को जेम्स बॉन्ड फिल्म श्रृंखला में दूसरों से अलग करती है, वह यह है कि यह वास्तव में कैनन फ्रेंचाइज़ का हिस्सा नहीं है। यह फिल्म EON स्टूडियोज द्वारा नहीं बनाई गई थी - एक ब्रिटिश फिल्म निर्माण कंपनी जो मुख्य रूप से जेम्स बॉन्ड फिल्म श्रृंखला का निर्माण करती है। कैसीनो रोयाले 13 अप्रैल 1967 को जारी किया गया था, जो इयॉन की पांचवीं बॉन्ड फिल्म, यू ओनली लिव ट्वाइस

से दो महीने पहले था। डेविड निवेन को जेम्स बॉन्ड के रूप में कास्ट किया गया था, जो सीन कॉनरी को कास्ट करने से पहले ईओएन फिल्मों में बॉन्ड की भूमिका निभाने के लिए इयान फ्लेमिंग्स की मूल पसंद थे। इस फिल्म में एक बुजुर्ग जेम्स बॉन्ड को अंतरराष्ट्रीय जासूसों की मौतों और गायब होने की जांच के लिए सेवानिवृत्ति से बाहर कर दिया गया था, वह जल्द ही रहस्यमय डॉ। नूह और SMERSH से लड़ता है। कैसीनो रोयाले में प्रदर्शन करते समय डेविड निवेन 56 वर्ष के थे। फिल्म एक वित्तीय सफलता थी, संगीत स्कोर की प्रशंसा की गई, संगीतकार को ऑस्कर नामांकन मिला, लेकिन कैसीनो रोयाल के लिए आलोचनात्मक प्रतिक्रिया, हालांकि, आम तौर पर नकारात्मक थी। निवेन और कॉनरी के जेम्स बॉन्ड्स के बीच कुछ ध्यान देने योग्य अंतर थे। निवेन का बॉन्ड एक बुजुर्ग व्यक्ति और पिता था, जो अब अपनी सेवानिवृत्ति के बाद 00 शीर्षक नहीं रखता था और यह संकेत दिया जाता है कि शॉन कॉनरी ने किंवदंती को जारी रखने के लिए बस बॉन्ड का नाम और 007 का खिताब लिया था। निवेन के चरित्र ने कॉनरी के पसंदीदा एस्टन मार्टिन के बजाय एक विंटेज बेंटले को भी चलाया। जॉर्ज लेज़ेनबाई: 1969 सीन कॉनरी के जाने के बाद फिल्मों की मुख्य श्रृंखला में वापसी करते हुए, जॉर्ज लेज़ेनबी को "ऑन हर मेजेस्टीज़ सीक्रेट सर्विस" के लिए जेम्स बॉन्ड की भूमिका में लिया गया। यह 1969 में जारी किया गया था और इसी नाम के 1963 के उपन्यास को रूपांतरित किया गया था। जॉर्ज लेज़ेनबाई एक मॉडल थे जिन्हें अभिनय का कोई पूर्व अनुभव नहीं था। लेज़ेनबाई ने कभी भी एक अनुबंध पर हस्ताक्षर नहीं किया, उत्पादन के दौरान बातचीत में देरी हुई, और 70 के दशक की सामाजिक जागरूकता के दौरान जासूस की भूमिका निभाने के बारे में अपने एजेंट के साथ चर्चा के बाद उन्होंने 1969 में ऑन हिज़ मेजेस्टीज़ सीक्रेट सर्विस की रिलीज़ से पहले ही एजेंट 007 की भूमिका छोड़ दी। फिल्म जेम्स बॉन्ड का अनुसरण करती है, जो ब्लोफेल्ड के खिलाफ लड़ाई लड़ता है, जो "मौत के दूतों" के एक समूह के कार्यों के माध्यम से सभी खाद्य पौधों और पशुओं को बांझ करने की धमकी देकर दुनिया को फिरौती देने की योजना बना रहा है। जिस तरह से बॉन्ड मिलते हैं, उसके साथ प्यार हो जाता है, और अंततः कॉन्टेसा टेरेसा डि विसेंज़ो से शादी कर लेता है। लेज़ेनबी के बारे में आलोचनात्मक राय विभाजित थी; उन्हें सबसे खराब बॉन्ड माना जाता है और अक्सर कॉनरी के प्रशंसकों द्वारा उनका मज़ाक उड़ाया जाता था। कई लोगों ने उनके प्रदर्शन को नीरस और अनाकर्षक के रूप में वर्णित किया, हालांकि बॉन्ड के रूप में उनके प्रदर्शन के लिए, लेज़ेनबी को फरवरी 1970 में अगले वर्ष के 27 वें गोल्डन ग्लोब अवार्ड्स में न्यू स्टार ऑफ़ द ईयर - अभिनेता के लिए गोल्डन ग्लोब अवार्ड के लिए नामांकित किया गया था। सीन कॉनरी: 1971 जॉर्ज लेज़ेनबी के विलक्षण प्रदर्शन के बाद, सीन कॉनरी को 1971 में एक बार फिर से भूमिका निभाने के लिए संपर्क किया गया था, जो उसी नाम के 1956 के उपन्यास पर आधारित थी।

एक हीरा तस्कर एक तस्करी की अंगूठी में घुसपैठ करने के लिए और जल्द ही अंतरिक्ष-आधारित लेजर हथियार बनाने के लिए हीरे का उपयोग करने के लिए अपने पुराने दुश्मन

अन्स्र्ट स्टावरो ब्लोफेल्ड द्वारा एक साजिश का पर्दाफाश करता है। तस्करी को रोकने और वाशिंगटन, डीसी को नष्ट करने और दुनिया को परमाणु वर्चस्व के साथ लूटने की ब्लोफेल्ड की योजना को रोकने के लिए बॉन्ड को अपने दुश्मन से आखिरी बार लड़ाई करनी है। कॉनरी को यह पता चलने के बाद कि पैसा कोई मुद्दा नहीं होगा, भूमिका में वापस आ गए। जब बॉन्ड की भूमिका को फिर से शुरू करने के बारे में संपर्क किया गया, तो कॉनरी ने £1.25 मिलियन का शुल्क मांगा और प्राप्त किया, सकल लाभ का 12.5% और, एक और प्रलोभन के रूप में, यूनाइटेड आर्टिस्ट्स ने उनकी पसंद की दो फिल्मों को वापस करने की पेशकश की। उनके प्रदर्शन को मिश्रित समीक्षाएं मिलीं और कई लोगों ने उन्हें धीमा और अधिक वजन वाला बताते हुए उनके वजन पर सवाल उठाया। कई अन्य लोगों ने भी उनके प्रदर्शन को अरुचिकर और उबाऊ बताया।

रोजर मूर: 1972 - 1985 डायमंड्स आर फॉरएवर की रिलीज के बाद कॉनरी ने एक बार फिर भूमिका को अस्वीकार कर दिया और इसे रोजर मूर को ऑफर किया गया। 007 के रूप में मूर की पहली प्रस्तुति 1973 की लिव एंड लेट डाई में थी, जो 1954 में इसी नाम के उपन्यास पर आधारित थी। कहानी में मिस्टर बिग के रूप में जाना जाने वाला एक हार्लेम ड्रग लॉर्ड शामिल है, जो प्रतिद्वंद्वी ड्रग बैरन को व्यवसाय से बाहर करने के लिए दो टन हेरोइन मुफ्त में वितरित करने की योजना बना रहा है। बॉन्ड तीन ब्रिटिश एजेंटों की मौत की जांच कर रहा है, जो उसे कनंगा तक ले गया, और जल्द ही वह गैंगस्टरों और जादू-टोने की दुनिया में फंस गया क्योंकि वह ड्रग बैरन की योजना को रोकने के लिए लड़ता है। बॉन्ड की भूमिका निभाते समय, मूर ने कॉनरी की नकल न करने की कोशिश की। बॉन्ड का उनका गायन मूर के व्यक्तित्व से मेल खाने के लिए लिखा गया था और उसे अधिक हास्य दृश्य और बहुत अधिक हल्का-फुल्का स्वर दिया। मूर अब तक बॉन्ड रेंडिशन के सबसे सुरुचिपूर्ण और अच्छे व्यवहार वाले हैं - जिन्हें अक्सर एक अंग्रेजी डिबोनियर कंट्री जेंटलमैन के रूप में वर्णित किया जाता है। हालाँकि, यह कुछ दर्शकों के साथ अच्छी तरह से नहीं बैठा, जिन्होंने उसे मारने के लाइसेंस के साथ एक अंतरराष्ट्रीय सुपर जासूस होने के लिए बहुत अच्छा और अच्छा व्यवहार किया। हालांकि, फ्रेंचाइज़ी के अधिकांश प्रशंसकों का मानना है कि मूर ने एक्शन और कॉमेडी के बीच एक सही संतुलन बनाया है। मूर और कॉनरी के बॉन्ड के बीच एक और बड़ा अंतर उनकी पसंद का हथियार था। कॉनरी का सिग्नेचर साइडआर्म वाल्थर पीपीके था, जबकि, मूर को सख्त दिखने के प्रयास में स्मिथ और वेसन 44 मैग्नम दिया गया था। यह क्लिंट ईस्टवुड के चरित्र डर्टी हैरी द्वारा बंदूक का इस्तेमाल करने के बाद बंदूक से जुड़ी मर्दाना छवि का परिणाम था। मूर 1974 से 1985 तक 6 बॉन्ड सीक्वेल में दिखाई देंगे। इनमें द मैन विथ द गोल्डन गन, द स्पाई हू लव्ड मी, मून रेकर, फॉर योर आइज़ ओनली, ऑक्टोपसी और ए व्यू टू ए किल शामिल हैं। मूर अपनी अंतिम फिल्म ए व्यू टू ए किल में 57 वर्ष के थे, जो एक ईऑन फिल्म में बॉन्ड की भूमिका निभाने वाले सबसे उम्रदराज अभिनेता थे। फिल्म को मिश्रित समीक्षाएं मिलीं लेकिन आलोचक मूर की उम्र

के एक अभिनेता की भूमिका में होने के लिए उनके तिरस्कार के बारे में मुखर थे। अक्सर एक्शन दृश्यों में विश्वसनीयता की कमी और 30 वर्षीय अभिनेत्री के साथ 57 बॉन्ड अभिनय के मुद्दों की ओर इशारा करते हुए।

सीन कॉनरी: 1983 हालांकि, इस अवधि के दौरान बॉन्ड को चित्रित करने वाले मूर अकेले व्यक्ति नहीं थे, क्योंकि सीन कॉनरी 1983 के नेवर से नेवर अगेन में चरित्र में लौट आए थे। यह फिल्म 1961 के उपन्यास थंडरबॉल पर आधारित थी, जिसे पहले रोजर मूर अभिनीत थंडरबॉल नामक 1965 की बॉन्ड फिल्म में रूपांतरित किया गया था। नेवर से नेवर अगेन का निर्माण इयॉन प्रोडक्शंस द्वारा नहीं बल्कि केविन मैक्क्लोरी के सहयोग से = टालियाफिल्म द्वारा किया गया था, जो इयान फ्लेमिंग और जैक व्हिटिंगम के साथ थंडरबॉल कहानी के मूल लेखकों में से एक थे। जेम्स बॉन्ड की भूमिका में शॉन कॉनरी की यह सातवीं और अंतिम बार थी और 12 साल के अंतराल के बाद उनकी वापसी हुई। फिल्मांकन के समय कॉनरी 52 वर्ष के थे, जिससे वह उस समय रोजर मूर से 3 वर्ष छोटे थे। फिल्म में एक उम्रदराज़ बॉन्ड को दिखाया गया है जिसे SPECTRE द्वारा दो परमाणु हथियारों की चोरी की जांच के लिए वापस लाया जाता है। फिल्म को सकारात्मक समीक्षाओं के साथ खोला गया, जिसमें कॉनरी के अभिनय ने दिन की विशिष्ट बॉन्ड फिल्मों की तुलना में अधिक भावनात्मक रूप से गुंजयमान होने के लिए प्रशंसा की। जबकि फिल्म सफल रही, यह उसी वर्ष की शुरुआत में रिलीज हुई रोजर मूर की फिल्म ऑक्टोपसी से कम थी।

टिमोथी डाल्टन: 1986-1994 टिमोथी डाल्टन जेम्स बॉन्ड के रूप में शासन लेने वाले अगले व्यक्ति थे और दो फिल्मों में दिखाई दिए - 1987 में द लिविंग डेलाइट्स और 1989 में लाइसेंस टू किल। टिमोथी डाल्टन एक शास्त्रीय रूप से प्रशिक्षित शेक्सपियर अभिनेता थे, जो चरित्र को सटीक रूप से चित्रित करने के लिए अविश्वसनीय रूप से भावुक थे संभव है और मूल जेम्स बॉन्ड उपन्यासों को बड़े पैमाने पर पढ़ें। डाल्टन का बॉन्ड पहले की तुलना में बहुत गहरा था। वह काला, ठंडा, निर्दयी था और थोड़ा हास्य दिखाता था। वह एक केंद्रित हत्यारा था जिसके पास मनोरंजन के लिए समय नहीं था। यह डाल्टन के एक गहरे बंधन को देखने की इच्छा का परिणाम था, जो अब एक महिलावादी नहीं था, लेकिन गहरे रंग के चरित्र के करीब था, जिसके बारे में इयान फ्लेमिंग ने लिखा था। द लिविंग डेलाइट्स इयान फ्लेमिंग द्वारा लिखी गई लघु कहानी पर आधारित थी और 2006 के कैसीनो रोयाल तक इयान फ्लेमिंग की कहानी के शीर्षक का उपयोग करने वाली आखिरी फिल्म थी। फिल्म जेम्स बॉन्ड को सभी दुश्मन जासूसों को मारने और खुलासा करने के लिए एक केजीबी नीति की जांच करने के लिए भेजती है, एक हथियार सौदा जिसके संभावित रूप से प्रमुख वैश्विक प्रभाव हैं। फिल्म को काफी अच्छी प्रतिक्रिया मिली लेकिन प्रशंसक डाल्टन के चित्रण को लेकर विवादित थे। बहुत से लोगों ने चरित्र पर गहरे रंग को पसंद किया, और बाद में इसे डैनियल क्रेग के प्रदर्शन से तुलना करते हुए अपने समय से पहले भी बुला लिया। हालांकि, निंदकों का मानना था कि वह बहुत गंभीर थे और इसका परिणाम कई बार एक सुखद

अनुभव के रूप में सामने आया। 1989 की लाइसेंस टू किल बॉण्ड के रूप में डाल्टन की अंतिम फिल्म थी। यह इयान फ्लेमिंग कहानी के शीर्षक का उपयोग नहीं करने वाली पहली फिल्म थी, और कहानी वास्तव में काफी हद तक मूल थी, लेकिन लिव एंड लेट डाई से उधार ली गई थी। फिल्म जेम्स बॉण्ड को अपने दोस्त की हत्या के बाद बदला लेने की मांग करती है और एमआई 6 द्वारा उसकी सहायता करने से मना करने के बाद, वह मामलों को अपने हाथों में ले लेता है। फिर से, फिल्म को अनुकूल रूप से प्राप्त किया गया, लेकिन डाल्टन के गहरे स्वर की आलोचना की गई। डाल्टन की दो फिल्मों के बाद, बॉन्ड कैटलॉग के लाइसेंस पर मुकदमेबाजी हुई, इसके परिणामस्वरूप डाल्टन की तीसरी फिल्म में देरी हुई। उनका छह साल का अनुबंध 1993 में समाप्त हो गया और उन्होंने 1994 में श्रृंखला छोड़ दी।

पियर्स ब्रॉसनन: 1994-2004 1995 की गोल्डनआई में पियर्स ब्रॉसनन जेम्स बॉन्ड के रूप में कार्यभार संभालेंगे। इसने कानूनी विवादों के कारण 6 साल के अंतराल के बाद बॉन्ड की स्क्रीन पर वापसी को चिह्नित किया। उपन्यासकार इयान फ्लेमिंग के कार्यों से कहानी के किसी भी तत्व का उपयोग नहीं करने वाली श्रृंखला में यह पहला था। फिल्म जेम्स बॉन्ड का अनुसरण करती है क्योंकि वह एक रूसी अपराध सिंडिकेट को एक गुप्त अंतरिक्ष-आधारित हथियार कार्यक्रम का उपयोग करने से रोकता है जिसे गोल्डनआई के रूप में जाना जाता है। कई लोगों ने ब्रॉसनन के प्रदर्शन को बॉन्ड के रूप में सकारात्मक रूप से स्वीकार किया। यह दावा करते हुए कि वह मूर की तुलना में फ्लेमिंग के बंधन का अधिक निकट प्रतिनिधित्व करते थे, लेकिन डाल्टन की तुलना में अधिक प्रकाशमान थे। ब्रॉसनन बॉन्ड की मेज पर लाई गई सबसे बड़ी विदाई सिगरेट पीने से इनकार करना था। हालांकि, उन्होंने डाई अनदर डे में सिगार पिया था। ब्रॉसनन ने 1997 से 2002 तक 3 और सीक्वल में बॉन्ड की भूमिका निभाई। फिल्मों में टुमॉरो नेवर डाइस, द वर्ल्ड इज नॉट इनफ और डाई अदर डे शामिल हैं। अपने कार्यकाल के अंत तक ब्रॉसनन को डाई अनदर डे के साथ उस समय तक सबसे ज्यादा कमाई करने वाली बॉन्ड फिल्म के रूप में देखा गया।

डेनियल क्रेग: 2005 – 2021 2005 में, डेनियल क्रेग को फ्रैंचाइज़ी में 6वें बॉन्ड के रूप में पेश किया गया था (कैसीनो रोयाले में डेविड निवेन की आउटिंग को नज़रअंदाज़ करते हुए)। जब क्रेग को कास्ट किया गया तो प्रशंसकों से बड़ी प्रतिक्रिया हुई। फिल्म के निर्माण के दौरान जैसी साइटों और अन्य इंटरनेट समुदायों और अभियानों ने फिल्म का बहिष्कार करने की धमकी दी। क्रेग, पिछले अभिनेताओं के विपरीत, प्रदर्शनकारियों द्वारा बॉन्ड की लंबी, काली, सुंदर और करिश्माई छवि के अनुकूल नहीं माना गया था, जिसके दर्शक आदी हो गए थे। जेम्स ब्लॉन्ड का नाम अपमान के रूप में चारों ओर फेंका गया। द डेली मिरर ने क्रेग की आलोचना करने वाले पहले पन्ने की खबर भी चलाई, जिसका शीर्षक था, द नेम्स ब्लैंड - जेम्स ब्लैंड। क्रेग की पहली फिल्म 2006 की कैसीनो रोयाल थी। यह फिल्म एजेंट 007 के रूप में बॉन्ड के करियर की शुरुआत में घटित होती है, क्योंकि वह मारने के लिए अपना लाइसेंस अर्जित कर रहा होता है। मॉंटेनेग्रो में कैसीनो रोयाले में एक उच्च-दांव वाले

पोकर गेम में आतंकवादी फाइनेंसर को दिवालिया करने के लिए एक असाइनमेंट पर बॉन्ड। फिल्म एक कहानी चाप शुरू करती है जो 2008 की फिल्म क्वांटम ऑफ सोलेस में जारी है। बॉन्ड के रूप में उनकी घोषणा पर नकारात्मक प्रतिक्रियाओं के बावजूद, कैसीनो रोयाले की रिलीज पर उनके प्रदर्शन की व्यापक रूप से प्रशंसा की गई। कई लोगों का मानना था कि क्रेड वैचारिक रूप से फ्लेमिंग के चरित्र की मूल अवधारणा के सबसे करीब था। दर्शकों ने एक पेशेवर हत्या मशीन, एक आकर्षक, ठंडे दिल वाले देशभक्त के रूप में बॉन्ड के बारे में उसकी राय को पसंद किया। जबकि कुछ अभी भी मानते हैं कि उनके पास एक पारंपरिक बॉन्ड अभिनेता के शारीरिक गुण नहीं हैं, उन्होंने निश्चित रूप से चरित्र के भीतर अपनी पहचान बनाई है। क्रेग 4 सीक्वेल, क्वांटम ऑफ सोलेस, स्काईफॉल, स्पेक्टर और आगामी नो टाइम टू डाई में अपनी भूमिका को दोहराएगा।एक हथियार सौदा जिसके संभावित रूप से प्रमुख वैश्विक प्रभाव हैं। फिल्म को काफी अच्छी प्रतिक्रिया मिली लेकिन प्रशंसक डाल्टन के चित्रण को लेकर विवादित थे। बहुत से लोगों ने चरित्र पर गहरे रंग को पसंद किया, और बाद में इसे डैनियल क्रेग के प्रदर्शन से तुलना करते हुए अपने समय से पहले भी बुला लिया। हालांकि, निंदकों का मानना था कि वह बहुत गंभीर थे और इसका परिणाम कई बार एक सुखद अनुभव के रूप में सामने आया। 1989 की लाइसेंस टू किल बॉन्ड के रूप में डाल्टन की अंतिम फिल्म थी। यह इयान फ्लेमिंग कहानी के शीर्षक का उपयोग नहीं करने वाली पहली फिल्म थी, और कहानी वास्तव में काफी हद तक मूल थी, लेकिन लिव एंड लेट डाई से उधार ली गई थी। फिल्म जेम्स बॉन्ड को अपने दोस्त की हत्या के बाद बदला लेने की मांग करती है और एमआई 6 द्वारा उसकी सहायता करने से मना करने के बाद, वह मामलों को अपने हाथों में ले लेता है। फिर से, फिल्म को अनुकूल रूप से प्राप्त किया गया, लेकिन डाल्टन के गहरे स्वर की आलोचना की गई। डाल्टन की दो फिल्मों के बाद, बॉन्ड कैटलॉग के लाइसेंस पर मुकदमेबाजी हुई, इसके परिणामस्वरूप डाल्टन की तीसरी फिल्म में देरी हुई। उनका छह साल का अनुबंध 1993 में समाप्त हो गया और उन्होंने 1994 में श्रृंखला छोड़ दी।